D1730843

BERNHARD HEINZLMAIER

ANPASSEN, MITMACHEN, ABKASSIEREN

Wie dekadente Eliten unsere
Gesellschaft ruinieren

Essay

Originalausgabe

© 2016 Hirnkost KG, vormals Archiv der Jugendkulturen
Verlag, Berlin; prverlag@jugendkulturen.de;
www.jugendkulturen-verlag.de
Alle Rechte vorbehalten
1. Auflage September 2016

Vertrieb für den Buchhandel: Bugrim (www.bugrim.de)
Auslieferung Schweiz: Kaktus (www.kaktus.net)
E-Books, Privatkunden und Mailorder: www.shop.
jugendkulturen.de

Layout: Linda Kutzki
Lektorat: Klaus Farin

978-3-945398-50-0 (Druckausgabe)
978-3-945398-51-7 (PDF)
978-3-945398-52-4 (E-Book)

Dieses Buch gibt es auch als E-Book – bei allen
Anbietern und für alle Formate.

Unsere Bücher kann man auch abonnieren: www.shop.
jugendkulturen.de

HIRNKOST

INHALT

BERNHARD HEINZLMAIER

ANPASSEN
MITMACHEN
ABKASSIEREN

*Wie dekadente Eliten
unsere Gesellschaft ruinieren*

HIRNKOST

Der Autor

Bernhard Heinzlmaier ist seit über zwei Jahrzehnten in der Jugendforschung tätig. Er ist Mitbegründer des Instituts für Jugendkulturforschung und seit 2003 ehrenamtlicher Vorsitzender. Hauptberuflich leitet er das Marktforschungsunternehmen *tfactory* in Hamburg. 2013 erschien im Archiv der Jugendkulturen Verlag von ihm: *Performer, Styler, Egoisten. Über eine Jugend, der die Alten die Ideale abgewöhnt haben.*
Kontakt: bheinzlmaier@jugendkultur.at

DIE HERRENSIGNIFIKANTEN

Die im Jahr 2015 erschienene Ausgabe der seit den 1950er Jahren unregelmäßig publizierten *Shell Jugendstudie* glaubt uns eine Jubelmeldung verkaufen zu können, indem sie die Rückkehr der Jugend zur Politik feiert. Seit dem Jahr 2002, so die veröffentlichte Publikation zur Studie, ist die Selbsteinschätzung des politischen Interesses unter den deutschen Jugendlichen deutlich gestiegen. Waren es im Jahr 2002 noch 34 Prozent der 15- bis 24-Jährigen, die sich an der Politik interessiert zeigten, so ist diese Gruppe im Jahr 2015 auf 46 Prozent angewachsen. Die StudienautorInnen konstatieren mit Bezug auf diese Daten eine „Trendwende beim politischen Interesse". Die Jugend kehrt zur Politik zurück, wird suggeriert (vgl. Shell 2015: 157).

Österreichische Erhebungen scheinen ganz ähnlich eine Tendenz der „Repolitisierung" der Jugend aufzuzeigen. Laut einer GfK-Jugendstudie, die den bizarren Titel *Wie heutig ist „die heutige Jugend"?* trägt und aus dem November 2014 stammt, zeigt sich im Zeitraum von 2007 bis 2014 gar ein dramatischer Anstieg des politischen Interesses. Waren 2007 lediglich 14 Prozent „sehr stark" oder „eher stark" an Politik interessiert, so ist diese Gruppe im Jahr 2014 auf 31 Prozent förmlich explosionsartig angeschwollen. Die Gruppe der politisch Desinteressierten hingegen ist von 37 Prozent (2007) auf 19 Prozent (2014) zusammengeschrumpft (vgl. GfK Austria 2014: 55f.).

Aber die *Shell Jugendstudie* hat noch mehr zu bieten. Sie gibt uns auch Auskunft darüber, dass die Zufriedenheit mit Demokratie und Gesellschaft deutlich gestiegen ist. So sind im Jahr 2015 73 Prozent der Jugendlichen in Deutschland mit der Demokratie zufrieden, während es im Jahr 2006 nur 56 Prozent waren (vgl. Shell 2015: 173f.).

Einmal abgesehen davon, dass sich die hier besprochenen Studien lange vor der Eskalation des Flüchtlingszustroms aus dem arabischen Raum im Feld befanden, ein Umstand, der wohl zumindest auf die Zufriedenheit der jungen Zielgruppe mit der Demokratie negativ eingewirkt haben müsste, gilt es auch zu hinterfragen, wie es um die Aussagekraft von Begriffen wie „Politik" oder „Demokratie" bestellt ist.

Immanuel Kant schreibt in seiner *Logik*, dass Inhalt und Umfang eines Begriffs im umgekehrten Verhältnis zueinander stehen. Und weiter: „Je mehr nämlich ein Begriff unter sich enthält, desto weniger enthält er in sich und umgekehrt" (Kant: *Logik*, § 7). In die Sprache der Gegenwart übersetzt meint Kant hier, dass je mehr ein Begriff zu umfassen versucht, desto weniger von dem, was er bezeichnen will, kann er enthalten. Oder mit Umberto Eco: Ein Begriff, der eine unbegrenzte Extension hat, dessen Intention ist gleich Null.

Mit Begriffen, die nichts bedeuten, hat sich auch der französische Psychoanalytiker Lacan auseinandergesetzt. Er nannte sie „Herrensignifikanten" oder „leere Signifikanten". Ein „leerer Signifikant" zeichnet sich dadurch aus, dass er nicht mehr ist als ein Behälter, der sich immer wieder verschiebende Bedeutungen enthält. Zwei solche leeren Signifikanten sind die Begriffe

„Politik" und „Demokratie". Die meisten der jungen Menschen, die man befragt, halten sie irgendwie für wichtig, obwohl deren Inhalt sich nicht nur aufgrund hegemonialer Kämpfe (vgl. Žižek 2013: 278) ändert, sondern denen aufgrund ihrer ausgedehnten Allgemeinheit jeder Einzelne die unterschiedlichsten Bedeutungen unterschieben kann.

Es ist deshalb eine sinnlose Technik der Sozialforschung, Begriffe mit einem dermaßen hohen Abstraktionsgrad einer Untersuchungsgruppe zur Bewertung vorzulegen, zumindest für den Fall, dass man der Wahrheit nahekommen will. Will man hingegen Ideologie produzieren, d. h., geht es um Manipulation und Stimmungsmache, so ist das Jonglieren mit „leeren Signifikanten" natürlich ein hochgradig zielführendes Mittel.

Studien, die das politische Interesse einer Gesellschaft oder ihrer Teilgruppen auf dermaßen direkte und banale Art abfragen, sind entweder dumm oder, was wahrscheinlicher ist, produzieren ganz bewusst Ideologie zur Legitimation der herrschenden Politik. Hier wird Meinung gebildet, um die gesellschaftlichen Verhältnisse und ihre politischen Repräsentationen zu stabilisieren.

Die Realität sieht anders aus.

DAS ENDE HAT BEREITS BEGONNEN

Es ist ganz offensichtlich, die Politik, so wie wir sie bisher gekannt haben, ist dabei, zu verschwinden. Was von ihr noch übrig ist, ist eine Ansammlung von handlungsunfähigen hohlen Gefäßen, genannt Parteien, deren Äußeres zwar artig und adrett aussieht, deren Innenleben aber heruntergekommen und verrottet ist.

Aber auch die Ästhetik der Parteien ist, sieht man genauer hin, nichts als wertloser Flitter, von empathie- und geistlosen PR- und Werbeagenturen geschaffener billiger Kommunikationskitsch, bestehend aus trivialer, einfallsloser und redundanter Bildästhetik und platter, schaler und banaler Rhetorik. Der kommunikative Auftritt der Politik ist genauso abgeschmackt und unkreativ, wie es ihre Strategie- und KommunikationsberaterInnen sind, die allesamt von der Meinung des Mainstreams geleitet vor sich hin arbeiten, ohne jemals auch nur auf die Idee zu kommen, die Grenzen der von den Massenmedien vorgegebenen, streng normierten Diskurs- und Designräume minimal zu überschreiten. Die Politik ist von einem lähmenden Konformismus beherrscht, der bewirkt, dass für die politischen

AkteurInnen nicht die eigene autonome Entscheidung handlungsleitend ist, sondern das, was als Gewohntes und Gebräuchliches allgemein anerkannt und vorgegeben ist.

Ein gutes Beispiel für den Opportunismus, für die alles dominierende Rückgratlosigkeit und die perverse Lust an der Subordination unter die Macht des Mainstreams in der Politik ist das Agieren der politischen Umfrageforschung, in der es zum Usus geworden ist, darauf zu achten, dass die eigenen Erhebungsdaten, bevor man sie veröffentlicht, nicht zu deutlich von den Ergebnissen anderer Umfrageinstitute abweichen. So werden die Wahlprognosen immer homogener, was zur Konsequenz hat, dass entweder alle ein passendes Ergebnis haben oder keiner. Wer Teil eines solchen Kartells der Risikovermeidung ist, muss keine Angst davor haben, mit seinen Prognosen allein falschzuliegen, hat aber auch keine Chance, aus der Masse der Mutlosen als der hervorzutreten, der der Wahrheit als Einziger am nächsten gekommen ist.

Wie in der Wirtschaft wird auch in der Politik nur von den Segnungen und der Notwendigkeit des freien und unbegrenzten Wettbewerbs geschwätzt. Wirklich haben will ihn niemand. Das zeigt sich in der Praxis daran, dass die großen und kleinen Player der kapitalistischen Ökonomie, wo immer sie können, geheime Absprachen treffen, die die Marktgesetze außer Kraft setzen, oder durch Lobbying anstelle von ehrlicher Leistung an begehrte Aufträge zu kommen versuchen.

Die europäische Wirtschaft ist auch in Zeiten der neoliberalen Marktverherrlichung nach wie vor stärker auf den Staat bezogen als auf den Markt. Und unter dem Einfluss der staatsfixierten Wirtschaft verkommt das Gemeinwesen immer mehr zur Melkkuh für Unternehmen, die sich von diesem nicht nur jede Innovation finanziell fördern lassen, sondern auch jeden Schaden, der durch riskante strategische Manöver entsteht, abgegolten haben wollen. Heute gilt es als selbstverständlich, dass der deutsche Staat Milliarden in die Hand nehmen muss, wenn die Autoindustrie Fahrzeuge mit Elektroantrieb auf den Markt bringen will, genauso wie es selbstverständlich geworden ist, den Banken die Verluste aus risikoreichen Veranlagungen mit Steuergeldern auszugleichen. Die Wirtschaft verhält sich wie das missratene Kind einer wohlstandsverwahrlosten Erziehung. Wenn es ihm gut geht, dann will es von den Eltern nichts wissen, keine Verantwortung für die Familie übernehmen und sich auf gar keinen Fall an irgendwelche Vereinbarungen und Regeln halten, aber wenn es Probleme gibt, dann kommt es heulend angelaufen und erwartet selbstverständlich Hilfe und Unterstützung.

Ebenso machen es die politischen Parteien, denn das, was die Wirtschaft tut, ist in Zeiten der totalen Ökonomisierung, der Erhebung der Marktlogik zur allgemeinen Handlungsnorm des menschlichen Daseins, für alle verbindlich, die Anerkennung bekommen und auf der Seite der GewinnerInnen stehen wollen. Auch dort denkt man gar nicht daran, mit einer soliden Interessenspolitik und guten Programmen in einen ehrlichen Wettbewerb um die Stimmen der BürgerInnen zu treten. Viel einfacher ist es doch, sich mit großen Inseratenvolumen eine günstige Berichterstattung zu erkaufen. Während das gelungene Management von großen Wirtschaftsbetrieben primär im erfolgreichen Abgreifen von staatlichen Subventionen und der Akquisition von Aufträgen durch kriecherisches Lobbying zu bestehen scheint, ist die Kunst der postmodernen Politik die Manipulation der öffentlichen Meinung mit Hilfe von Medienkooperationen und der geschickten Personalpolitik in den öffentlich-rechtlichen Medienunternehmen.

Die Politik unserer Tage hängt wie die Wirtschaft am Tropf von geschäftstüchtigen, aber geistlosen KommunikationsberaterInnen. Deren vorrangige Aufgabe ist es, attraktive Zeichenwerte zu schaffen. Auf den Konsumgütermärkten soll das gleißende Licht des Zeichenwertes verschleiern, dass der Gebrauchswert der meisten Produkte eine reine Chimäre ist. Die Hauptaufgabe von PR und Werbung ist es, die Leere so zu verpacken, dass sie den KonsumentInnen als Fülle erscheint, oder dem unnützen Inhalt eines Produkts den Schein der Brauchbarkeit zu geben.

Im Zuge der Ökonomisierung und Vermarktlichung der gesamten Lebenswelt der Menschen hat das Spiel mit den Zeichenwerten am Ende auch die Politik ergriffen. Wie die kommerzielle Kommunikation wird die politische Kommunikation nun weitgehend zur reinen Kommunikation, zum freien Spiel flottierender Zeichen ohne Realitätsbezug. Kommerzielle wie politische Kommunikation sind heute in der Regel reiner Betrug. Ihre Aufgabe ist es, die Welt anders erscheinen zu lassen, als sie tatsächlich ist. Man strebt nicht mehr danach, mit seinen Darstellungen und Botschaften der Wirklichkeit nahezukommen. Die handlungsleitende Grundintention ist der Wille zur Wirklichkeitsverzerrung.

Viele BürgerInnen haben in der Zwischenzeit gelernt, den Schwindel der politischen Kommunikation zu durchschauen, und reagieren, je nachdem, welchem Milieu sie angehören, unterschiedlich.

Die Milieus der Ober- und Mittelschichten passen sich der Kultur der Unaufrichtigkeit opportunistisch an, integrieren sie in ihr persönliches Verhalten und lügen in ihrem Berufs- und Privatleben zum eigenen Vorteil, dass sich die Balken biegen. Sie haben jede Verbindung zu den klassischen bürgerlichen Tugenden wie Ehrlichkeit, Treue und Anständigkeit gekappt. Da sie eine ausgezeichnete Begabung zur Verdrängung haben, leiden sie vordergründig nicht unter dem Kummer und dem

Unglück, die ihr amoralisches, nur am persönlichen Erfolg ausgerichtetes Handeln bei ihren Mitmenschen verursacht.

Sie entkommen ihrer Schuld aber nicht. Aus dem Unbewussten werden sie von ihr immer wieder bedrängt. Schweißgebadet erwachen sie des Nachts, nachdem ihnen die Opfer ihres Egozentrismus im Traum erschienen sind. Viele SpitzenrepräsentantInnen aus Wirtschaft und Politik leiden unter Depressionen. Wer von ihnen nicht zum Neurologen geht und sich Antidepressiva oder Stimmungsaufheller verschreiben lässt, versucht sein mahnendes Gewissen durch ein zügelloses und enthemmtes Leben nach Feierabend zu betäuben. Auch dabei nehmen sie keine Rücksicht auf die Menschen, die sie für ihre Spannungsabfuhr „vernutzen". So vergewaltigen sie ihre Umwelt zum zweiten Mal, vergrößern damit aber gleichzeitig ihre Schuld und leiden in der Folge noch mehr. Wir normalen BürgerInnen, die in der Regel zu den Opfern dieser überheblichen und gewissenlosen Eliten gehören, gönnen ihnen jede einzelne ihrer psychischen Qualen von ganzem Herzen. Wir freuen uns diebisch, wenn wir in der Zeitung lesen, dass einer von ihnen mit Burn-out-Symptomen in die Klinik eingeliefert wurde, eine Alkohol- oder Drogenentziehungskur antreten musste oder gar wegen eines Betrugsdelikts ins Gefängnis gewandert ist. Die Zusammenbrüche und Niederlagen der dekadenten Wirtschaftseliten sind unsere kleinen Freuden des Alltags, die uns gleichzeitig das Gefühl geben, dass es doch eine höhere Gerechtigkeit gibt.

Ob Mensch oder Natur, alles wird den Ego-Eliten unserer Tage zum Mittel für den persönlichen Zweck. Rücksicht nehmen sie nur auf sich selbst und auf die wenigen Menschen, die ihnen nahestehen – ihre FreundInnen, ihre LebenspartnerInnen, ihre Familienangehörigen. Doch selbst diese werden, wenn mit der Zeit ihre Anziehungskraft schwindet, ganz pragmatisch gegen neue, attraktivere Alternativen ausgetauscht. Ihren Egozentrismus leben Ober- und Mittelschicht aber mit Stil aus, sie behübschen ihre rücksichtslosen Egotrips mit guten Manieren, den hohlen Ritualen der Höflichkeit. Die Ego-Eliten sind eine ästhetische Gemeinschaft. Den Wert des Lebens finden sie primär in Äußerlichkeiten.

Ein gutes Beispiel dafür, dass das postmoderne Performertum, die Wirtschaftseliten, das ethische Leben, das sich an Tugenden wie Ehrlichkeit, Verlässlichkeit oder Treue ausrichtet, längst verabschiedet und es gegen ein ästhetisches Leben abseits der Moral getauscht haben, in dem es nur mehr um den egozentrischen Lustgewinn, den wirtschaftlichen Erfolg und den schönen Schein geht, ist der deutsche Unternehmer Henning Zoz.

Der Mann veranstaltete im März 2016 das deutsch-japanische Nanostruktur-Symposion. Dazu lud er SchülerInnen aus den Schulen der umliegenden Regionen ein, aber mit dem Hinweis, dass er weder gepierzte, noch tätowierte, noch jugendkulturell gekleidete junge Menschen bei seiner Veranstaltung sehen wolle. Der entsprechende Textauszug aus dem überheblichen und selbstgefälligen Einladungsbrief lautete: „Wir richten uns nicht an Menschen mit bunten Haaren, Blech im Gesicht und jene, die die Füße nicht heben und die Hose kaum auf den Hüften halten können und/oder eines ordentlichen Sprachgebrauches kaum mächtig sind. Kein Einlass für Vermummte – im Rathaus und im ZTC keine Mütze, keine Kapuzen und auch keinen Helm auf dem Kopf. Bei Teilnehmern aus mindestens 17 Ländern liefern wir ein Aushängeschild Deutschlands in die Welt und erwarten angemessene Kleidung und Auftreten."

Die bürgerliche Adrettheit der Geschäftswelt soll nicht durch unangepasste Formen jugendkulturellen Verhaltens gestört werden. Die gleichgestylte konformistische Business-Bourgeoisie will sich auf ihrer Veranstaltung nicht von den ästhetischen Extravaganzen der Subkulturen irritieren lassen. Denn auf äußere Ordentlichkeit legt Zoz großen Wert. Die Hülle muss makellos sein, wie es hinter der Fassade, im moralischen Bereich, aussieht, ist weniger wichtig. Denn auf dieser Ebene läuft auch das zozsche Leben eher unkorrekt ab.

Zoz hat vier Kinder, lebt aber als 52 Jahre alter Mann mit einer 29-jährigen Spitzensportlerin zusammen Er hat wohl mehrere Trennungen hinter sich. Trennungen, so wissen wir, wirken sich auf die Psyche der mitbetroffenen Kinder in der Regel nicht positiv aus. Auf der ethischen Ebene wäre Zoz also durchaus angreifbar, würde man moralische Kriterien ebenso rigoros an sein Leben anlegen, wie er ästhetische an das kulturelle Ausdrucksverhalten der Jugend anlegt.

In Zeiten der moralischen Dekadenz, in der die Erreichung des wirtschaftlichen Erfolgs jedes Mittel rechtfertig, bleiben den Wirtschaftseliten zur Stiftung von Zusammenhalt in ihren Milieus nur mehr ästhetische Mittel. Weil sie keine moralische Praxis mehr haben, pochen sie rigoroser denn je auf die Einhaltung ihrer Kleidungs- und Betragensordnung, durch die nun die Grenze zwischen drinnen und draußen, zwischen ihnen und dem Pöbel, gezogen wird. Es kommt einem dabei der Satz von Oscar Wilde in den Sinn, der eine seiner versnobten Bühnenfiguren sagen lässt: „In Angelegenheiten von großer Wichtigkeit kommt es nicht auf den Ernst, sondern auf den Stil an." Im Milieu des amoralischen Neo-Bürgertums ist nicht mehr wichtig, was man tut, sondern es zählt in erster Linie, wie man es tut und wie man darüber spricht. Die ganze bürgerliche Kultur ist zu einem eitlen und blasierten, völlig wert- und moralfreien Mummenschanz heruntergekommen – ein Mikrokosmos der leeren Signifikanten, der frei flottierenden Zeichen ohne Bedeutung. Sage noch einer angesichts dieses Triumphs der Simulacren, der totalen Referenzlosigkeit der bürgerlichen Zeichenwelt, dass die dystopischen Zukunftsentwürfe Jean Baudrillards übertrieben waren.

Fundamental anders reagieren die unteren Mittelschichten und die Unterschichten auf den Niedergang der Moral in Politik und Wirtschaft und die gleichzeitige Erhebung von Manierismen zu den bestimmenden Kriterien für persönliche Anerkennung und gesellschaftliches Ansehen. Und zwar nicht mit Anpassung, sondern mit radikaler Abgrenzung. Sie unterwerfen sich nicht einem Zeitgeist, dem es nur mehr um das richtige Sprechen und den regelgerechten Dresscode geht, der aber gleichzeitig die Art und Weise des praktischen Handelns in Politik und Wirtschaft der pragmatischen Beliebigkeit eines egozentrischen „anything goes" überlässt.

Im Gegenteil, sie stellen den Herrschaftsanspruch der überheblichen, verlogenen und inkompetenten Elite, die ihre Macht einzig und allein auf kunstvolle Rhetorik und die Präsentation oberflächlicher Kultiviertheit stützt, radikal in Frage. Besonders in den Fokus ihrer Kritik geraten die sogenannten Kultureliten, die postmaterialistischen Intellektuellen, die sich zum Gewissen der Gesellschaft erhoben haben und denen jedes Mittel recht ist, die öffentliche Meinung nach ihren Vorstellungen zu trimmen und zu formen. Dabei schrecken sie auch nicht vor gewissenlosen Verhaltensweisen, zum Beispiel schnöden Lügen, zurück.

Auffällig zeigte sich die Skrupellosigkeit der bürgerlichen Elite in der sogenannten Flüchtlingsfrage. Besonders in den grün-alternativ dominierten Leitmedien der Gesellschaft wurde die der Politik völlig entglittene Situation beschönigt, verdreht und aufpoliert. Noch im Herbst 2015 berichteten diese Leitmedien, dass überwiegend die Bildungseliten der Krisenländer des Nahen Ostens nach Deutschland und Österreich strömen würden. Heute wissen wir, dass, an mitteleuropäischen Standards gemessen, überwiegend bildungsferne Schichten hier angekommen sind, die hoher Bildungsinvestitionen bedürfen, bevor sie der Arbeitsmarkt aufnehmen kann. Und natürlich war auch die Angst der unteren Sozialschichten berechtigt, dass der Zustrom von billigen Arbeitskräften für sie Konkurrenz am Arbeitsmarkt bedeuten und von Industrie und Gewerbe zur Lohndrückerei verwendet werden würde. Schon haben sich VertreterInnen von neoliberalen Thinktanks zu Wort gemeldet, die die Einrichtung eines Billiglohnsektors fordern. Nur so könne man das Heer der bildungsfernen Flüchtlinge in den Arbeitsmarkt integrieren, argumentieren sie. Dass dieser Billiglohnsektor den Arbeitsplatzverlust für viele Beschäftigte der sogenannten „Leichtlohngruppe" bedeuten wird, ist naheliegend. Hinzu kommt, dass nun auch schon die ersten Initiativen laufen, die Kosten der Flüchtlingsintegration durch Kürzung der Transferzahlungen für die autochthonen sozialen Unterschichten zu finanzieren. Am Ende werden wir sehen, dass die sozial Schwachen die Zeche für die unangemessene und realitätsferne Humanitätsinszenierung der postmaterialistischen Eliten bezahlen werden müssen.

Mit der Pegida-Bewegung und der AfD in Deutschland und der FPÖ in Österreich hat sich eine starke rechtspopulistische Gegenöffentlichkeit konstituiert, um nichts weniger widerlich als die verlogenen Wirtschafts- und Kultureliten. Sie positioniert sich radikal gegen das oberlehrerhafte Beschönigungs- und Wahrheitsverdrehungskartell in Politik und Medien, das nicht nur am Flüchtlingsthema seit geraumer Zeit herummanipuliert, sondern auch in anderen Politikfeldern die Wahrheit dreht und wendet, so wie es für sie gerade nützlich ist.

Beispiel Bildungspolitik: Jahrelang wurde uns eingeredet, dass wir eine Reform des Bildungssystems brauchen, weil das gegenwärtige den Bildungsaufstieg von Kindern aus den Unterschichten verhindert. Der Beweis für die mangelnde Aufwärtsmobilität des Bildungssystems gelang in den Studien der OECD-BildungsideologInnen dadurch, dass sie sowohl den Lehrabschluss als auch den Abschluss einer höheren Schule mit Matura/Abitur in einer Bildungsstufe zusammenfassten. Die Folge davon: Wenn der Vater eine Lehre abgeschlossen hat, die Tochter aber die Matura oder das Abitur, ist das nach OECD-Definition kein Bildungsaufstieg, weil Lehrabschluss und Matura/Abitur in der gleichen Hierarchiestufe des Bildungssystems eingeordnet wurden, was natürlich rein überhaupt nichts mit der Wahrnehmung der Menschen in der Gesellschaft zu tun hat. Für sie liegt der Statuswert von Abi und Matura weit über dem der Lehre. Wählt man eine andere Methode, wie das die ExpertInnen des Thinktank „Agenda Austria" getan haben, in der Lehre und Matura/Abi in unterschiedliche Bildungsstufen eingeordnet werden, dann kommt man zu dem Ergebnis, dass 45 Prozent der ÖsterreicherInnen der Bildungsaufstieg gelungen ist. Es ist offensichtlich, dass hier Daten so hergerichtet werden, dass sie Rückenwind für die von den Postmateriellen und den Wirtschaftsliberalen unbedingt gewollte Durchsetzung der Gesamt- und Ganztagsschule erzeugen.

Die RechtspopulistInnen erklären offen, und das wahrscheinlich sogar mit Recht, dass vor allem die Medien unverhohlen in die Kommunikationsstrategie der Eliten in Politik und Wirtschaft eingespannt wurden, mit Hilfe derer der Bevölkerung weisgemacht werden sollte, dass die rezente Flüchtlingswelle den Ländern Europas mehr Nutzen als Nachteile bringe. Das Argument der Eliten ist auch richtig, wenn man die Causa aus der Perspektive der Industrie betrachtet, die mittelfristig mit einem Schwung von billigen, wenig selbstbewussten und nicht gewerkschaftlich organisierten Arbeitskräften rechnen darf, von denen sie profitieren wird. Aus der Sicht der Unterschichten betrachtet werden deutlich die Nachteile überwiegen, weil sie es, neben den bevorstehenden Kürzungen bei den Sozialtransfers, mit der Konkurrenz von willigen, billigen und vitalen jungen Menschen auf dem Arbeitsmarkt zu tun bekommen werden. Zu ZahnärztInnen, JuristInnen, LehrerInnen, BetriebswirtInnen und JournalistInnen, um nur einige privilegierte Berufsgruppen zu nennen, werden MigrantInnen nur selten in Konkurrenz treten. Eher schon zu BauarbeiterInnen, MaurerInnen, TransportarbeiterInnen oder ungelernten HilfsarbeiterInnen. Warum erstere Gruppe gelassen bleibt und Verständnis für die Flüchtlingshilfe zeigt und die Angehörigen der Unter- und Mittelschichten Panik schieben, müsste wohl für jeden Menschen, der nicht völlig ohne soziale Empathie ist, nachvollziehbar sein.

Der Begriff „Lügenpresse" ist das Symbolwort, mit dem sozial unterprivilegierte Gruppen der Gesellschaft ihre Elitenkritik zum Ausdruck bringen und ihren Zorn darüber, dass sie ganz offensichtlich von einem Meinungskartell an der Nase herumgeführt werden.

Die inkompetente Flüchtlingspolitik der europäischen Gemeinschaft, davon kann man heute ausgehen, wird sich mittelfristig fatal auf die politische Situation in Deutschland und Österreich auswirken. Der überhebliche, romantische, weltabgewandte und zudem verlogene Humanismus der postmaterialistischen Eliten wird zur Etablierung eines starken Rechtspopulismus führen und gleichzeitig in den konservativen Parteien eine opportunistische und gewissenlose neoliberale Elite an die Macht bringen, die sich heute schon durch die öffentlichkeitswirksame Übernahme von rechtspopulistischen Positionen und durch nachdrückliche Propagierung von wirtschaftlicher Deregulierung in Stellung bringt. Schon ab den nächsten

Wahlen wird in Österreich eine Koalition aus RechtspopulistInnen und einer neoliberalen, von der christlichen Soziallehre weitgehend gereinigten sogenannten Volkspartei, die längst schon ÖNWP – Österreichische Partei der Neoliberalen Wirtschaftseliten – heißen sollte, das Land regieren, und sie wird Sozialabbau, Deregulierung, Privatisierung und mehr ruinösen Wettbewerb für alle mit sich bringen. Opfer dieser Regierung werden vor allem die sein, die sich vom Rechtspopulismus Anerkennung und eine Verbesserung ihrer Lebenssituation versprochen haben, die bürgerlichen Mittelschichten und das Prekariat. Wie formulierte Bertolt Brecht: „Nur die dümmsten Kälber wählen ihre Schlächter selber."

DIE GEISTIGE VERGREISUNG DER POLITIK UND IHR PARANOIDES INNENLEBEN

Die heutigen Parteien stehen nicht nur inhaltlich dem wirklichen Leben fern, sie haben auch nichts mehr von der Intensität, der Vitalität und der Energie an sich, die in den Gemeinschaften der „normalen" Menschen beheimatet sind. Sie wirken abgelebt und entkräftet, erschöpft und verfallen, so als hätten sie den Höhepunkt ihrer Existenz hinter sich, als wären sie in der finalen Phase ihres Daseins.

Die Christdemokraten und die Sozialdemokraten sind die geistig-ideologischen Senioren der Gegenwartspolitik. Wie die Insassen von Altenheimen wissen sie viel über die Vergangenheit zu erzählen, der Gegenwart stehen sie hingegen rat- und konzeptlos gegenüber. Das Hauptproblem ist die offensichtliche Ermüdung und Erschöpfung dieser einst mächtigen Bewegungen. Zwar können sie noch im Code ihrer historischen Ideologien denken, aber es fehlt ihnen Antrieb und Wille zur tatkräftigen Handlung.

Radikale Strömungen der Wirklichkeitsverleugnung, die in beiden Parteien von nicht unwesentlicher Stärke sind, verdrängen nicht nur die gesellschaftlichen und ökonomischen

Umbrüche, die sich in den letzten Jahren ereignet haben, sondern auch die eigenen Ängste, die im Angesicht der Veränderungen bei den alten Parteieliten entstanden sind. Der Umfang des Verdrängten ist aber zu groß, als dass es sublimiert werden könnte. Die Folge ist, dass neurotische Krankheitsbilder ausgebildet werden, vornehmlich paranoide Störungen, die sich in aggressivem Misstrauen und Verschwörungsfantasien äußern. Die beiden Seniorenparteien und ihre Führung fühlen sich von allen und jedem verfolgt. In der Regel genügt innerparteilich eine kleine oberflächliche Abweichung von den von der Führung vorgegebenen Spielregeln und schon bricht sich der paranoide Wahn Bahn.

Wurden früher die Auslöser politischer Paranoia – also jene, die das aggressive Misstrauen der Eliten erregten, meist ohne wirklich etwas getan zu haben – in Schauprozessen angeklagt und öffentlichkeitswirksam abgeurteilt, so erfolgt in der heute durch und durch postheroischen und hinterhältigen politischen Kultur die Bestrafung der unschuldigen Schuldigen durch heimliche Intrige und hinterhältige Degradierung. Das Perfide ist, dass der Herabsetzung und Ausschließung in der Regel keine Anklage, keine Vorwürfe, keine Debatte vorhergeht. Dem Opfer ist gar nicht bekannt, dass es ins Fadenkreuz der Parteiführung geraten ist. Plötzlich findet es sich zur eigenen Überraschung als Leiter einer ihm bisher unbekannten Dokumentationsstelle in den Kellergewölben des Ministeriums wieder, in dem es gerade noch im obersten Stockwerk des Hauses als Pressesprecher des Ministers gearbeitet hat. Außer ihm gibt es in dieser Stelle keinen Menschen und es sind auch keine Dokumente vorhanden, die zu sichten und zu ordnen wären. Einst Günstling der Mächtigen ist er nun sozial ausgelöscht und endgelagert in einer Sphäre der absoluten Nichtigkeit. Dies ist die Form, in der in postdemokratischen politischen Strukturen die hinterhältigen Oligarchen der politischen Macht agieren.

Auf den Punkt gebracht könnte man sagen: Die politischen Parteien der Gegenwart sind zu Zusammenschlüssen von anpassungssüchtigen autoritären GleichschrittfanatikerInnen degeneriert, denen jeglicher Mut, aber auch jegliche intellektuelle Kompetenz zum offenen Austragen von Meinungsverschiedenheiten fehlt. Sie sind meinungsfreie politische Gebilde, in deren lauwarmen Sümpfen sich kalte und glatte Kriechexistenzen ohne politischen Eros suhlen, die nur der reine Wille zur Macht antreibt, der mit keiner ideologischen Absicht und keiner idealistischen Emotion verunreinigt ist. Politik ist heute nicht mehr als ein Vehikel zur Realisierung von persönlichen Karrieren für Menschen, die der Konkurrenz in der freien Wirtschaft nicht gewachsen sind und dort am unteren Ende der Statushierarchie vor sich hin leben müssten.

Insbesondere die Traditionsparteien verstellen den politischen Raum wie verstaubter, aus der Zeit gefallener architektonischer Pomp. Sie sind verblassende Signifikanten einer greisen Macht, der immer weniger Menschen Respekt entgegenzubringen vermögen und die es nur deshalb noch gibt, weil das Volk seine Zeit entweder für den täglichen Existenzkampf in einer immer inhumaner werdenden Arbeitswelt verausgaben muss oder sich lieber mit den oberflächlichen Vergnügungen des konsumistischen Statuserwerbs beschäftigt.

DIE DOMINANZ DES POST-HEROISCHEN INDIVIDUUMS

Oder: der Nörgelbürger
im Größenwahn

Das Volk nimmt heute fast alles, was in der Politik passiert, wohl deshalb hin, weil es unter einem guten Leben das Dasein der egozentrischen KonsumentInnen versteht und nicht das des Zoon Politikon, eines Menschen, der neben seinen individuellen Bedürfnissen auch allgemeine Interessen verfolgt und sich über seinen Beitrag zum großen Ganzen des Gemeinwesens definiert.

Niemals in der Geschichte der Menschheit hat sich das einzelne Individuum so wichtig genommen wie heute, obgleich es objektiv betrachtet noch keine Zeit gab, in der es so wenig auf dieses Individuum angekommen ist wie heute. Noch nie wurde das Individuum dermaßen eng an der Leine der Interessen der herrschenden Eliten geführt, noch nie dermaßen lückenlos manipuliert und dirigiert von Meinungsmedien und Unterhaltungsindustrie. Dieser Verblendungszusammenhang ist aber so perfekt inszeniert, dass sich das Individuum, obwohl weitgehend fremdbestimmt, so frei, autonom und unabhängig wie niemals zuvor fühlt.

Das heute lebende, sich übertrieben wichtig nehmende Ego-Wesen Mensch fühlt sich als Nabel der Welt, und als solcher bezieht es alles, was in der Welt passiert, in erster Linie auf sich. So mancher wohl an der Grenze des Wahnsinns wandelnde Egozentriker meint sogar, so bedeutsam zu sein, dass er für die Existenz von relevanten Institutionen, wie zum Beispiel großen Medienunternehmen, unmittelbar selbst mitverantwortlich ist.

Ein Beispiel dafür sind die sogenannten Poster (also Menschen, die in Onlinemedien mehr oder weniger verzichtbare Kommentare abgeben) großer Tageszeitungen, die immer wieder wichtigtuerisch in ihren Postings darauf hinweisen, dass sie „Content generieren" und damit relevante redaktionelle Stützen der Zeitung wären und am Ende gar entscheidend für deren Markterfolg. Der kleine ressentimentgetriebene Nörgelbürger, der in mäßigem Deutsch ungereimte und in der Regel unpassende Textvignetten zur politischen Lage oder zur Situation seines Fußballvereins absondert, imaginiert sich als großer Journalist, der die Meinungen der Nation bestimmt. Wer sich nur einige wenige der Postings durchliest, weiß hingegen sofort, dass die Selbstwahrnehmung ihrer AbsenderInnen reiner Größenwahn ist, eben ein Ausfluss des hypertrophen, sich selbst überschätzenden Individualismus der Gegenwart. Denn diese Postings motivieren niemanden zur Nutzung der Zeitungen, außer die Angehörigen der Miniaturgruppe der manischen Kommunikations- und SelbstdarstellungsfetischistInnen selbst, die sich Poster nennen und die ohnehin rund um die Uhr am Computerbildschirm kleben, weil in der realen Welt niemand mit ihnen sprechen möchte.

Im Wesentlichen ist der egozentrische Mensch unserer Zeit postheroisch, in die Umgangssprache übersetzt: ein Feigling. Konstatiert er, dass Ereignisse oder Entwicklungen für ihn nachteilig werden könnten, dann versucht er diesen in einer ersten Reaktion aus dem Weg zu gehen. Bemerkt er, dass das unmöglich ist, dass er der Konfrontation mit der Realität nicht entgehen kann, dann löst er das Problem durch geschmeidige Anpassung.

Unterstützt wird er dabei von der modernen Ich-Psychologie, deren Hauptziel darin besteht, den Menschen fügsam und widerstandsfähig zu machen, d. h., seine Mitmach- und Nehmerqualitäten zu steigern. Aber auch viele religiöse und esoterische Lehren bieten sich als Support für die postmodernen AnpassungsbürgerInnen an, in deren Ideologien es primär darum geht, die Menschen zur Passivität zu überreden, ihnen Verinnerlichung und Gelassenheit zu empfehlen, egal wie groß die Zumutungen auch sind, die ihnen die Machteliten aus Politik und Wirtschaft vorsetzen. Sie helfen so dabei mit, den Menschen zu einem perfekten Untertanen zu erziehen, der sich selbst dann noch glücklich und zufrieden fühlt, wenn man ihn, frei nach Erich Kästner, dazu zwingt, von dem Kakao, durch den man ihn zieht, auch noch zu trinken.

Eine der religiösen Lehren, die sich, wie Slavoj Žižek meint, besonders gut zur ideologischen Stütze des neoliberalen Kapitalismus eignet, ist der Buddhismus. Wie den meisten der esoterischen und religiösen Lehren geht es auch den BuddhistInnen nicht darum, die gesellschaftlichen Verhältnisse durch aktives Eingreifen zu verändern. Der Buddhismus stellt ein hinnehmendes Individuum in sein Zentrum, das immer dann, wenn es in Widerspruch zu den Verhältnissen gerät, zur egozentrischen Arbeit an sich selbst angehalten wird, denn immer ist das Individuum die Hauptursache von Problemen, niemals die Gesellschaft, die Institutionen, die Wirtschaft, die Politik, die Gemeinschaft, die Struktur. Durch das Primat der Selbstveränderung gegenüber der Gesellschaftsveränderung wird das Subjekt zur passiven Hinnahme des Realen gedrängt, zu einer das Vorgegebene kritiklos hinnehmenden Existenzweise veranlasst. Niemals ermutigt eine wirklichkeitsignorante Lehre zur Revolte gegen das Aufgedrängte, gegen die politischen Machtverhältnisse oder die ökonomische Ungleichheit. Der Buddhismus ist die hohe Schule der Regression. Unter seinem Einfluss gibt das Individuum seine autonome Erwachsenenrolle auf und kehrt zurück in eine Kindexistenz, die nach väterlicher Orientierung sucht und sich gerne von heiligen Schriften und erleuchteten allwissenden Weisen führen und leiten lässt. Der Buddhismus ist das Opium für sich hilflos fühlende Schwächlinge, die dem Irrglauben anhängen, dass das Individuum Macht über die Verhältnisse dadurch gewinnen kann, dass es sich in sich selbst zurückzieht, vergeistigt, sich einer übermächtigen Vaterfigur freudig unterwirft und ihr als Apostel nachfolgt.

Was kann sich die neoliberale Elite Schöneres wünschen als UntertanInnen, die sich immer dann, wenn sie mit den Vorgesetzten im Betrieb in Konflikt geraten oder in Dissens mit der Politik, zur stillen Meditation nach Hause zurückziehen, weil sie davon überzeugt sind, dass das Problem in ihnen steckt und niemals in der Gesellschaft, den Institutionen oder dem Staat. BuddhistInnen sind praktische ZeitgenossInnen, weil sie im Konfliktfall in die Passivität der Meditation verfallen und deshalb die Mächtigen und Reichen, ohne Widerstand befürchten zu müssen, über sie hinweggehen können.

Doch auch für die BuddhistInnen hat die meditative Apathie, in die sie sich gerne fallen lassen, wenn sich die Wirklichkeit gegen ihr Wollen sperrt, ihre Grenzen, und die liegen dort, wo, wie Adorno es ausdrückt, ihre „allerengsten Interessenslagen berührt werden" (Adorno 2014: 13). In Myanmar zum Beispiel richteten BuddhistInnen unter der Führung von Mönchen immer wieder Massaker an der muslimischen Bevölkerung an. Die Religion der Mitte, der Ausgeglichenheit und des Friedens verliert offenbar dort ihre gefasste Selbstkontrolle, wo ein religiöser Mitbewerber ihnen die privilegierte Alleinstellung streitig zu machen droht.

Und die BuddhistInnen stimulieren dort, ganz gleich wie die RechtspopulistInnen in Europa, die Angst vor Überfremdung in der Bevölkerung. Ihr wichtigstes Argument: Wenn immer mehr MuslimInnen kommen, werden die BuddhistInnen am Ende in die Minderheit geraten, ihre Kultur wird zugrunde gehen und sie werden unter die Fremdherrschaft des Islams fallen. Offenbar tendiert jede Religion zum Totalitarismus, wenn sie sich in einer Position der Stärke und Dominanz befindet, und besonders dann, wenn jemand diese ihre Vorrangstellung angreift. Die Vermutung liegt nahe, dass der Neobuddhismus in Europa deshalb so friedlich und tolerant ist, weil er ideologisch völlig machtlos und quantitativ irrelevant ist. Für die Schwachen ist es taktisch unklug, die Machtfrage zu stellen. Sie können dabei nur verlieren. Die minoritären europäischen BuddhistInnen wissen das und schweigen gewieft. Gott sei es gedankt. Mögen sie weiterhin eine friedlich vor sich hin meditierende Minderheit bleiben.

DAS WIEDERERSTARKEN
DES RELIGIÖSEN
TOTALITARISMUS

Anders die MuslimInnen. Sie machen gegenwärtig 12 Prozent der Bevölkerung in Wien aus, in Berlin beträgt ihr Anteil 6,5 Prozent. Ihre Zahl hat sich innerhalb der letzten 20 Jahre verdoppelt. Kein Wunder also, wenn MuslimInnen in den beiden Städten deutlich selbstbewusster auftreten als die zahlenmäßig irrelevanten BuddhistInnen. Am Ende liegt es immer an der quantitativen Größe einer gut vernetzten, verbindlich organisierten und vom unerschütterlichen Glauben an eine transzendente oder immanente Macht beherrschten Gruppe, ob sie unauffällig und vordergründig angepasst agiert oder ob sie Machtansprüche, bis hin zur Forderung, zur Staatsreligion oder Staatsideologie erhoben zu werden, stellt.

Dass selbst das durch die europäische Aufklärung zivilisierte Christentum noch nicht alle Allmachtsansprüche aufgegeben hat, zeigt sich nicht zuletzt daran, dass der zum Glück gescheiterte erzkatholische österreichische Bundespräsidentschaftskandidat der ÖVP, Andreas Khol, vor noch gar nicht so langer Zeit die Festschreibung Gottes in der österreichischen Bundesverfassung verlangt hat. Dass er damit der ca. einen Million

ÖsterreicherInnen, die ohne religiöses Bekenntnis sind, den paternalistischen Gott eines primitiven Hirtenvolkes, das einst in Palästina lebte, zwangsverordnen wollte, scheint den Vorzeigekatholiken nicht zu stören. Toleranz ist eine Tugend, die das Handeln von Religionen nur so lange bestimmt, solange sie schwach sind. Kaum sind sie so stark, dass sie eine realistische Chance sehen, Machtansprüche durchzusetzen, ändern sie ihren Ton. Sie schalten dann schnell vom Modus der demütigen Bitte in den der apodiktischen Forderung um. Ein gutes Beispiel dafür liefert die katholische Kirche in Polen. Dort haben ihre Vertreter nicht dermaßen Kreide gefressen, wie dies in Deutschland oder Österreich der Fall ist. Besonders wenn es um eine tolerante Gesetzgebung für Homosexuelle geht, tobt dort der intolerante Fundamentalismus. Unter Anleitung der Bischöfe verwandeln sich die polnischen Schäfchen Gottes in ein aggressives Rudel reißender Wölfe und ergreifen die Macht der Straße.

Im Zuge der Religionskritik der europäischen Aufklärung entwickelte sich das liberale Postulat der Trennung von Kirche und Staat. Der liberale Staat zeichnet sich demgemäß durch seine religiöse Neutralität aus. Religionen sind unter liberal-aufgeklärten Gesichtspunkten Privatangelegenheit. Sie haben dort nichts verloren, wo sich das durch den Staat repräsentierte allgemeine Bevölkerungsinteresse in institutioneller Form zeigt, zum Beispiel in der Schule. Leider ist die konsequente Trennung von Staat und Kirche in Österreich niemals Realität geworden. In den Schulen hängen noch immer die Kreuze des Christentums, was nicht so das Problem wäre, wenn man die Kinder in manchen ländlichen Regionen nicht auch noch zwingen würde, diese anzubeten. Viel schlimmer ist die Tatsache, dass der Staat nach wie vor die LehrerInnen an konfessionellen Privatschulen finanziert und dass auch konfessionelle Kindergärten von der öffentlichen Hand gefördert werden.

In Wien gibt es zwischenzeitlich 150 muslimische Kindergärten. Auch diese werden von der Stadt Wien finanziert. Viele dieser Kindergärten sind von fundamentalistischen MuslimInnen beherrscht und gelenkt. Den Kindern werden Koransuren eingetrichtert, manche Mädchen zwingt man schon im Kindergartenalter dazu, Kopftücher zu tragen. Natürlich kann in einer liberalen Demokratie ein jeder seinen Kindern die Weltanschauung beibringen, die er will, solange er sich im Rahmen der Gesetze bewegt. Die Frage, die sich stellt, ist aber, warum der Staat abstruse, regressive Wahnvorstellungen, wie sie Religionen wie das Christentum oder der Islam nun einmal sind, mit Steuergeldern finanziert. Wer glauben möchte, dass Maria als Jungfrau empfangen hat und Gott aus brennenden Dornbüschen zum Menschen spricht, soll sich seine Fantasien genauso selbst finanzieren wie der, der glaubt, dass er nach seinem Tod von den Engeln Munkar und Nagir im Grab befragt wird. Es ist schon schlimm genug, dass solche vormodernen Ideen heute noch institutionell verankert sind und systematisch verbreitet werden, aber noch schlimmer ist es, dass es die Wiener Stadtregierung als Akt der Toleranz aufzufassen scheint, ein derart abstruses Gedankengut mit Steuergeldern zu finanzieren.

Wenn eine Voraussetzung zur Förderung von Kindergärten offensichtlich darin besteht, sich einer überkommenden Religion zu verschreiben, dann müssten auch gute Chancen bestehen, Geld dafür zu bekommen, wenn man einen Kindergarten auf Basis der Lehre des Zarathustra oder gar auf der Grundlage des Glaubens an den alten ägyptischen Gott Seth eröffnen und führen möchte. Im Sinne der Vielfalt und der Pluralität der Kulturen wäre eine Unterstützung solcher Bildungsaktivitäten nicht nur zu rechtfertigen, sondern ein absolutes Gebot der Gleichheit und der Gerechtigkeit. Denn warum soll ein so wichtiges Kulturgut wie der Seth-Kult nicht erhaltenswert sein und warum sollte man nicht das Recht haben, diese Lehre an Kinder zu vermitteln, wenn drei Straßen weiter im Korankindergarten gelehrt wird, dass das Gebet abgebrochen werden soll, wenn ein schwarzer Hund an den Betenden vorüberläuft, oder dass es Gins gibt – das sind Geschöpfe, die uns hören und sehen können, die wir aber nicht wahrnehmen können und die genauso von Allah geschaffen wurden wie die Menschen und die Engel. Wer den Islam und den Katholizismus ernst nimmt, der hat jedes Recht verwirkt, irgendeinen anderen Unsinn, der auf der Welt gedacht und gelebt wird, nicht ernst zu nehmen.

DIE VERLETZUNG DER ALLERENGSTEN INTERESSENSLAGEN

und der Egozentrismus der Bourgeoisie

Kommen wir zurück zu der Verletzung der „allerengsten Interessenslagen", von der Adorno meint, dass sie jene Zumutung sei, die selbst den durch Kulturindustrie und religiöses Opium total passivierten Menschen auf Trab bringe. Sogar KonsumfetischistInnen, EsoterikerInnen und von der Bewusstseinsdroge Religion dauerberuhigte Existenzen geraten durch sie in Bewegung. Die „allerengsten Interessenslagen" – was bezeichnet dieser abstrakte Begriff nun für die Mehrheit der heute lebenden MitteleuropäerInnen?

Gegenwärtig wird die „Verletzung der allerengsten Interessenslagen" durch die ungebeten ins Land eindringenden Fremden, die Flüchtlinge aus den Kriegs- und Elendsgebieten dieser Welt, repräsentiert. Fand sich das durch und durch heuchlerische Bürgertum in den Anfängen der Flüchtlingsbewegung noch auf den Bahnhöfen ein, um sich dort öffentlichkeitswirksam durch das Verteilen von Wasserflaschen und abgelegten Klamotten in seiner Gutheit zu inszenieren, so hörte für sie der Spaß ab da auf, als ruchbar wurde, dass die große Zahl der Zuwandernden für sie selbst materielle Einbußen bedeuten könnte. Man kann mit der Bourgeoisie vieles machen, nur darf man ihr nicht an den Geldbeutel fassen, darf sie nicht mit Vermögens- und Einkommenseinbußen bedrohen.

Denn der Bourgeois ist auf die Verteidigung des materiellen Wertes fixiert, ideelle Werte dienen ihm lediglich zur taktischen Verhüllung seines rücksichtslosen materialistischen Egozentrismus. Der Sinn des bourgeoisen Lebens liegt im Geld. Jeder ideelle Wert, der von der Bourgeoisie artikuliert wird, dient nur der Ablenkung von ihrer empathielosen Raffgier. Der Bourgeois ist eine Krämerseele, ein Praktiker des Tauschhandelns, ohne Geist, ohne Mut, mit einem Mangel an gutem Geschmack und einer Vorliebe für gute Manieren und einem leblosen, weil konformistischen Stil.

Der Bourgeois gibt nur denen, die sich seinen Werten und ästhetischen Vorgaben fügen. Die mit Zuwendungen Bedachten müssen sich als förderungswürdig erweisen, indem sie sich den Wertvorstellungen und dem Lebensstil der Bourgeoisie unterwerfen. Niemals dürfen sie es wagen, anders leben zu wollen als die Bourgeoisie, niemals dürfen sie über die Logik des bestehenden Systems hinausdenken, ein Leben jenseits der Werte oder der ästhetischen Formen des Bürgertums anstreben. Dann wird ihnen sofort jegliche Unterstützung entzogen. Wenn die Bourgeoisie hilft, ist eine jede ihrer Spenden nichts anderes als eine Investition in die Förderung ihrer eigenen Existenz und des Systems, das die Grundlage ihrer Existenz ist.

Der Bourgeois hat sich niemals als Bestandteil der Gesellschaft gesehen. Er empfand sich immer als über der Gesellschaft stehend, wenn er überhaupt so etwas wie die Gesellschaft als existent akzeptierte. Das Gesellschaftsverständnis der Mehrheit von ihnen ist, frei nach Margaret Thatcher, „there is no such thing as society". Anstelle einer Gesellschaft als Verbindung von einander solidarisch zugewandten Menschen sieht der Bourgeois in ihr nur eine Ansammlung von Individuen, die dann in Kontakt zueinander treten, wenn sie Informationen, Waren oder Dienstleistungen austauschen wollen. Für gemeinschaftliche, kollektive Ziele lässt er sich ungern in die Pflicht nehmen, weil es für ihn jenseits der kleinen Gemeinschaften seiner unmittelbaren „Ingroups" nichts sozial Relevantes gibt. Und wie der Markt ist die Demokratie für ihn nur ein Spiel, das man so lange mitspielt, solange es dem persönlichen Vorteil dient. Der wahre Bourgeois ist nur so lange Demokrat, solange die Demokratie seinen eigenen Zielen dient.

Während das Sozialsystem ohne Ansehen der Person und ihrer Überzeugungen und Ziele allen hilft, die sich in einer objektiven Notlage befinden, gibt der Bourgeois, der die Sozialpolitik gerne in die Hände von privaten Stiftungen verlagern würde, nur denen, mit deren Gesinnung und Lebensstil er übereinstimmt. Also bekommt nur der Obdachlose etwas, der keinen Alkohol trinkt und brav mit Messer und Gabel isst, der Arbeitslose, der jeden Sonntag in die Kirche geht, und der Jugendliche, der seinen Eltern und LehrerInnen folgt und dessen Traum es ist, einmal ein total innovatives Start-up-Unternehmen, zum Beispiel einen Lieferservice für Kondome und Sexspielzeug, zu gründen. Und so durchstreifen selbstgefällige und selbstgerechte StifterInnen, die mit aus Börsenspekulationen und Familienerbschaften stammendem Kapital reichlich ausgestattet sind, den Markt der Jugendinitiativen, Beschäftigungsprojekte und Start-up-Gründungen, um sich die auszusuchen, die sich am artigsten aufführen und ihren Abgesandten, den hoheitlichen Charity-Mommys – der Bourgeois schickt ja gerne seine Frau voran, wenn es darum geht, Gutes zu tun –, brav die Hand geben und einen schönen Knicks machen.

Von den saturierten BürgerInnen etwas zu nehmen, um es den Armen der Welt zu geben, die vom Elend in ihren Ländern getrieben sich gerade auf den Weg nach Europa machen, wäre nur recht und billig, allein schon deshalb, weil die 1,5 Milliarden Menschen in den hochentwickelten Wirtschaftszentren ihren Wohlstand ohnehin nur auf Kosten der übrigen 4,5 Milliarden Benachteiligten erwirtschaften konnten. Aber gerade an diesem Punkt wird der Bourgeois zum Berserker, wenn das Wort Umverteilung fällt oder mehr Gerechtigkeit im Handel mit den Entwicklungsländern gefordert wird. Denn alles, was er hat, ist gerecht erworben, bedingt durch seine im Vergleich zu der Masse der Unterprivilegierten bestehende geistige Überlegenheit. Über das Teilen aus Nächstenliebe faselt der Wirtschaftsbürger bestenfalls im Chor mit anderen KirchenbesucherInnen in der Sonntagsmesse vor sich hin. Aber tritt er, nachdem er sein leeres spirituelles Ritual absolviert hat, aus dem Kirchengebäude heraus, dann ist er, von allen Gebetsformeln unberührt, der hartherzige Egoist, zu dem man ihn im Elternhaus, in elitären Bildungsinstitutionen und mit Hilfe der Kulturindustrie über die Jahre hinweg erzogen hat.

DAS LEITMILIEU DER BUSINESS-DEPPEN

Das meiste, das sich heute ereignet, ist lauwarm, weil es halbherzig und mit geringem Interesse an der Sache getan wird. Die Menschen sind gegenüber dem Inhalt ihrer Tätigkeiten emotionslos und ungerührt, weil alles, was sie tun, in erster Linie vom Ziel des materiellen und ideellen Gewinns geleitet wird. Es ist ihnen nicht wichtig, was sie tun; wichtig allein ist ihnen, dass sie damit Erfolg haben.

Im Kapitalismus wird Anerkennung mit Geld zum Ausdruck gebracht. Folglich ist der sichtbare Ausdruck des Erfolgs die Höhe des Jahreseinkommens in Euro oder Dollar. Der Durchschnittsamerikaner hat das Prinzip Anerkennung = Einkommen bereits dermaßen internalisiert, dass er in der Regel einem wildfremden Menschen, neben dem er zufällig in einem Flugzeug zu sitzen kommt, schon in den ersten zehn Minuten des flüchtigen Zusammenseins sein Jahreseinkommen bekannt gibt.

Dieser Trend greift nun nach und nach auch auf Mitteleuropa über. Und so versorgen immer mehr der rastlos tätigen und ständig dienstfertigen europäischen Business-Reisenden ihre Mitreisenden in Zügen und Flugzeugen mit Informationen über ihr Jahreseinkommen. Man kann der peinlichen Mitteilsamkeit dieser artig gekleideten, aber vollkommen bildungsfernen und absolut uninteressanten Zeitgenossen nur dadurch entgehen, dass man gleich zu Beginn der erzwungenen Koexistenz auf engstem Raum dezidiert festhält, dass man kein Gespräch wünscht. Gerettet ist man, wenn der Business-Reisende sein Tablet zückt, sich die Kopfhörer aufsetzt, um sich einen dümmlichen amerikanischen Blockbuster anzusehen. Je mehr Business-Reisende in einem Flugzeug sind, desto weniger wird gelesen und umso mehr werden geistlose Filme, die die amerikanische postkulturelle Filmindustrie zur Unzahl hervorbringt, geguckt.

Der durchschnittliche Business-Mensch hat seine Autonomieansprüche weitgehend aufgegeben. Er lässt sich mit Freude fernsteuern, durch seinen Arbeitgeber, die Wirtschaftspresse, die Modeindustrie, die Filmindustrie, die Freizeitindustrie, die Internetwirtschaft. Die Identität des Business-Menschen ist ein Puzzle aus Abziehbildern, die den oben aufgeführten Funktionsbereichen entstammen. Es ist faszinierend, in welcher Gleichförmigkeit sie sich kleiden, denken, verhalten.

Wenn zum Beispiel die internationale Vereinigung der FriseurInnen beschließt, dass der moderne Manager nun auf der Mitte seines Schädels ein aus Haaren auftoupiertes Vogelnest und auf der Seite einen Shortcut zu tragen hat, dann rennen tatsächlich tags darauf hunderte Nachwuchsmanager mit einer solchen Geschmacksverirrung auf dem Kopf durch die europäischen Flughäfen. Und sie finden sich, trotzdem einer aussieht wie der andere, unglaublich attraktiv, kreativ und „outstanding". In Wirklichkeit sind sie aber nicht mehr als eine Herde gleichförmig blökender Schafe, der die europaweit gleichgeschaltete Schafscherergemeinschaft einen Massenlook verpasst hat, der sie als ästhetische Negation des Menschen als autonomes Wesen durch die Welt gehen lässt.

Beschreibt Georg Simmel die Mode noch in ihrer Ambivalenz als gleichzeitigen Versuch der Demonstration von Individualität und Gruppenzugehörigkeit, so ist dieses Spannungsverhältnis heute weitgehend aus dem Modebegriff der Wirtschaftseliten gewichen und verblieben ist lediglich die Anpassungsfunktion. Vor allem die oben beschriebenen Manager drängt es dazu, so auszusehen wie alle anderen Manager. Sie blühen auf, wenn sie im Spiegel ein Bild von sich sehen, das ihr individuelles Erscheinen im Erscheinungsbild der elitären Managermasse untergehen lässt. Das Ideal des konformistischen Business-Menschen besteht offensichtlich darin, sich als Individuum zugunsten einer homogenen Managergemeinschaft selbst auszulöschen. Die Managementkonformisten arbeiten tagtäglich auf den verschiedensten Ausdrucksebenen an ihrer individuellen Selbstauflösung. Und so verwandelt sich jeder Einzelne von ihnen in ein perfektes Mosaiksteinchen, das sich widerstandslos in das Ornament der Managermasse einpflegen lässt.

Die Manager, sie haben gemeinsam die typische Frisur, den typischen Anzug, das typische Parfüm, den typischen Laptop, den typischen Trolley, das typische Fitnessstudio, die typischen Restaurants und Bars, die typische Innenstadtwohnung, die typischen Urlaubsvorlieben und die typische Business-Rhetorik, die typische Managerpsyche, die typische Selbstverwirklichungsleier, den typischen Managersexismus, den typischen hölzernen Wirtschaftsuni- oder Juristenhumor, den typischen Erfolgshabitus und natürlich die typische lächerliche Leistungspose. Jede Zusammenrottung von VorstadthedonistInnen aus der sozialen Unterschicht im Park einer grau-düsteren Plattenbausiedlung besteht aus interessanteren Menschen und bietet mehr Unterhaltung und Abwechslung als ein Flugzeug voller Business-Menschen.

Interessant ist auch, wie das Business-Volk auf Business-Konferenzen unterhalten wird. Solche Konferenzen werden in der Regel von kommerziellen Agenturen organisiert. Gegenwärtig sind die Top-Themen Personalmarketing, Online-Marketing, Eventmanagement, Kommunikation für Führungskräfte, disruptive Start-up-Strategien, Power-Selling und natürlich die Trend- und Zukunftsvorhersagen der kommerziellen Trendforschung. Man täuscht sich aber, wenn man glaubt, dass das Managementvolk die Konferenzen besucht, um dort etwas zu lernen. Nein, sie wollen auch dort nicht empfangen, sie wollen senden. Die modernen Business-Konferenzen sind in erster Linie Plattformen zur Selbstinszenierung und zum Networking für Unternehmen und Manager. Sie sind Beauty-Contests, Selbstdarstellungsforen und Exzess-Maschinen, weil das Business-Volk sie auch dazu nutzt, ihre hedonistisch-libidinösen Bedürfnisse auszuleben, denn die meisten von ihnen stecken in langweiligen traditionellen Partnerschaften mit Kindern und gemeinsamen Vermögenswerten, die man nicht ohne große Schwierigkeiten wie Geld- und Imageeinbußen auflösen kann. Also lässt man sie unangetastet und befriedigt seine libidinösen Bedürfnisse auswärts, auf Business-Konferenzen. Nach ein paar Gläschen Prosecco findet sich dort schnell eine Kollegin, ein Kollege oder eine Hostess des Veranstalters, der oder die mit aufs Zimmer kommt. Treffend beschreibt der italienische Philosoph Mario Perniola die postmoderne Konferenzkultur: „Auf großen Kongressen wird Neues aber weder entdeckt noch erschaffen (eigentlich passiert überhaupt nichts Interessantes, außer hier und da die eine oder andere gelegentliche sexuelle Beziehung) (…)." (Perniola 2005: 65)

Das Unterhaltungsprogramm dieser Konferenzen ist erstaunlich primitiv. Wenn nicht gerade ein Casino-Abend veranstaltet wird, an dem die Geschäftsleute beim Spiel mit Plastikgeld den Gambler des Abends küren, wird in der Regel an der Bar gesoffen. Das Business-Volk trinkt erstaunlich viel. Selbst die Frauen, meist bürgerlicher Herkunft oder zumindest mit ein paar vestimentären Symbolen der Bürgerlichkeit aufgehübscht, gehen nicht ins Bett, bevor sie nicht vier bis acht Gläschen Prosecco oder Wein in sich hineingekippt haben. Das Business-Volk ist aber gut trainiert, denn um acht Uhr morgens sitzen sie wieder alle mit der Miene des gut gelaunten und positiv denkenden Menschen beim Frühstück.

Interessant ist die Bereitschaft der TeilnehmerInnen, jeden zeitgeistig-esoterischen Blödsinn mitzumachen. Verdonnert man sie zum Lach-Yoga, so schütten sich 80 Prozent von ihnen unter seltsamen Verrenkungen minutenlang vor Lachen aus. Ohne nachzudenken machen sie auch mit, wenn ein Referent beispielsweise von ihnen verlangt, zwei Minuten auf der Stelle zu hüpfen und mit den Händen wild herumzuschlagen. Aufgrund dieser Übung wird den einfachen Geistern dann bewiesen, dass sich die Laune des Menschen augenblicklich verbessert, wenn er verrückt herumspringt. Eine große Erkenntnis, mit der die merkantile Erfolgselite dann glücklich nach Hause fährt, um sie ab nun mehrmals täglich in ihren Chefbüros in die Praxis umzusetzen – glücklicherweise hinter verschlossenen Türen, sodass wir normalen Menschen nicht in die Verlegenheit gebracht werden, einer solchen Idiotie tatsächlich ansichtig werden zu müssen.

Das Business-Volk weiß, was sich gehört. Es hat gelernt, widerspruchslos das zu tun, was die Autorität von ihnen will. Deswegen folgen sie fast ausnahmslos den Anweisungen der „Speaker" und Scharlatane, auch wenn diese von ihnen verlangen, den ausgemachtesten Blödsinn zu glauben oder die hirnverbranntesten esoterischen Praktiken auszuführen. KonferenzveranstalterInnen, Vortragende und Esoterikscharlatane profitieren so vom Unwillen oder der Unfähigkeit der internationalen Wirtschaftsuniversitäten, ihre Studierenden zu autonomen, selbständig denkenden erwachsenen Menschen zu erziehen. In ihrer gleichzeitig selbst- und fremdverschuldeten Unmündigkeit nehmen die AbsolventInnen von internationalen Business Schools bereitwillig selbst den größten unausgegorenen geistigen Müll der sogenannten Zukunftsforschung gläubig in sich auf oder machen sich auf Anweisung von schamanistischen oder buddhistischen Schaumschlägern in skurrilen Magie- und Meditationsritualen zum Affen.

Die Disposition der Business-Leute zum kritiklosen Mitmachen wird natürlich auch von IronikerInnen unter den ReferentInnen zur eigenen Belustigung missbraucht. So kenne ich welche unter ihnen, die sich einen Spaß daraus machen, als Vortragende bei solchen Konferenzen von den TeilnehmerInnen unter dem Mantel der wissenschaftlichen Wahrhaftigkeit absolut lächerliche Dinge zu verlangen oder ihnen den größten Unsinn einzureden. Tags darauf berichten sie dann in launigen KollegInnenrunden, was ihnen wieder für ein Coup gelungen ist. Ich habe den Verdacht, dass auch die Lach-Yoga-TrainerInnen zu dieser Gruppe von IronikerInnen und SatirikerInnen gehören, die sich, noch dazu gegen ordentliches Geld, mit dem Business-Volk ihre Scherze erlauben und sich danach über ihre kritik- und hirnlosen VerehrerInnen halb tot lachen.

Man erkennt den Zeitgeist am besten an den Unterhaltungsprogrammen in den Medien, sagten schon die berühmten Vertreter der Frankfurter Schule. Ich denke mir, das kann man ohne Weiteres auch auf die Unterhaltungsprogramme der Business-Konferenzen übertragen. An ihrer Gestaltung erkennt man, wie das Niveau der Business-Kultur gelagert ist. Gegenwärtig lässt das Unterhaltungsprogramm dieser Konferenzen und das Verhalten der TeilnehmerInnen dort nur einen Schluss zu: Die gesamte Business-Welt ist einerseits ein Club der unkritischen, persönlichkeitsschwachen MitmacherInnen, die alles tun, was die Clowns unter den KonferenzveranstalterInnen und ReferentInnen von ihnen verlangen, und andererseits lastet auf der ganzen Szene eine drückende Melancholie gepaart mit einer verkrampft-wütenden Sucht nach Lusterlebnissen, die sich am allabendlichen Alkoholmissbrauch des Business-Volkes an den Hotelbars und kleinen sexuellen Exzessen auf den Hotelzimmern zeigt. Die Business-Welt muss sich am Abend mit Hochprozentigem betäuben oder in die hemmungslose Geilheit flüchten, um am nächsten Morgen wieder ihr sinnloses und oft perverses Tagwerk ertragen und weiterverfolgen zu können.

DIE ÖKONOMISIERUNG DER GESELLSCHAFT SCHREITET VORAN

Das Vorbild für die Gleichgültigkeit der Menschen gegenüber den sachlichen Inhalten ihres Tuns sind die großen Börsenunternehmen. Diesen ist es egal, womit sie ihre Kohle erwirtschaften, Hauptsache, die Rendite stimmt. Und so kaufen internationale Hedgefonds Altenheime, nicht, weil ihnen die Altenbetreuung ein Anliegen ist, sondern um mit der Versorgung der Alten Profite zu machen.

Das Altenheim wird so zu einem x-beliebigen Wirtschaftsbetrieb. Es erfüllt nun den gleichen Zweck wie eine Fischfabrik, ein Sweat-Shop, also ein Ausbeutungsbetrieb in der sogenannten Dritten Welt, in dem arme Menschen zu Niedriglöhnen Billigkleidung herstellen, oder ein dynamisches kleines Start-up-Unternehmen, das sich auf die Hauszustellung der Produkte von Fastfood-Ketten spezialisiert hat. In dem Augenblick, wo ein Hedgefonds ein Altenheim übernimmt, ist die Altenbetreuung nichts anderes mehr als eine x-beliebige Wertschöpfungsangelegenheit, die nicht deshalb ausgeführt wird, um alten Menschen den Lebensabend annehmlich zu gestalten, sondern bei der es nur mehr darum geht, durch kostenreduzierte

Betreuung einen möglichst großen Profit aus den Alten herauszuholen. Die Alten sind nichts weiter als ein gewinnträchtiger Betriebsgegenstand. Im Mittelpunkt stehen hier nicht mehr die Interessen der PflegekundInnen, sondern die von AnlegerInnen und CouponschneiderInnen.

Ähnlich wird mit einem anderen Grundbedürfnis der Menschen, dem Wohnen, verfahren. Auch hier reißen börsennotierte Heuschrecken den Wohnungsbestand der hochverschuldeten Städte Mitteleuropas an sich, um ihn dann in attraktive Eigentumswohnungen zu verwandeln und an gut betuchte MarketingmanagerInnen, WerbeagenturinhaberInnen oder FernsehansagerInnen zu verkaufen und aus den verbliebenen AltmieterInnen alles, was geht, herauszupressen. Für die AltmieterInnen bedeutet dies die Erhöhung des Mietpreises bei gleichzeitiger Reduktion des Leistungsangebotes. Und so müssen dann oft die Schwächsten unserer Gesellschaft – Arbeitslose, Alte, junge Familien oder prekär Beschäftigte – in überteuerten Wohnungen leben, die sich in stark reparaturbedürftigen Häusern befinden, weil die geldgierigen Fonds die Renovierungs- und Instandhaltungsarbeiten aus Kostengründen weitgehend eingestellt haben.

Was die moderne Bourgeoisie unternimmt oder unter ihre Kontrolle bekommt, gerät samt und sonders in den Zustand des Provisoriums, weil es beim kleinsten Widerstand von außen oder dem bloßen Anschein von geringer werdender Rentabilität umstrukturiert oder abgestoßen wird. Es ist in den Kreisen der Wirtschaftseliten nicht mehr üblich, sein Herz an eine Sache oder einen Menschen zu hängen, weil man sich ständig offenhält für Vorteilhafteres oder Gewinnbringenderes. Deshalb bindet man sich nur lose, um ohne emotionale Belastung den Absprung leichter zu schaffen.

Zu Beginn der 1950er Jahre dichtete die österreichische Schriftstellerin Hertha Kräftner: „In dieser Zeit des lauwarmen

Verfalls / Scheint dir dein Herz ein Klumpen Flitter" und trifft mit ihren Versen fast punktgenau die allgemeine Dekadenz unseres Jahrzehnts, in dem alles, was gedacht und getan wird, schal und bestenfalls leicht temperiert, vor allem aber von vorübergehendem Wert und Bedeutung ist. In den seltensten Fällen ist es ernst gemeint und mit Leidenschaft erfüllt. Anstelle von Herzblut und Hingabe regiert das Kalkül und die Gier nach dem meist materiellen Erfolg das Handeln unserer Zeit.

Vieles von dem, was wir bis heute hochgeschätzt und hochgehalten haben, wie die Stabilität unserer kleinen Gemeinschaften, die Sicherheiten des Sozialstaates, der innere Friede im Land, die Sicherheit des Arbeitsplatzes, die soliden Löhne und Gehälter, um nur einige der zentralen Werte unseres bisherigen Lebens aufzuführen, geht nach und nach verloren, wird reduziert oder gar abgeschafft, und trotzdem bleiben die Menschen seltsam unaufgeregt, leidenschaftslos, gefasst, fast nonchalant.

Man ist zwar dagegen, dass einem genommen wird, was man zu haben gewohnt ist, aber nicht mit großer Intensität. Leidenschaft und Zielstrebigkeit fehlen, weil sich die Menschen nicht mehr zu hundert Prozent sicher sind, dass ihnen das bisherige gute Leben wirklich zugestanden hat, dass sie es wirklich verdient haben.

Sie sind verunsichert von einer neoliberalen Propaganda, die ihnen erfolgreich einredet, dass alle jene, denen es materiell gut geht und die mit ihrem Leben zufrieden sind, ohne täglich große Risiken einzugehen, sich nur deshalb im Zustand der Zufriedenheit befinden, weil sie auf Kosten von staatlichen Leistungen leben, die sich das Gemeinwesen gar nicht mehr leisten kann.

Im Gegensatz dazu wird als das richtige Leben eine instabile und unsichere Seinsweise propagiert, eine diskontinuierliche, risikoreiche Existenz voll nervöser Unruhe, geprägt von spontan aufblitzenden Chancen, die nur der ergreifen kann, der schnell, rückhaltlos und ohne zu zögern reagiert und der vor allem dazu bereit ist, alte Sicherheiten und Behaglichkeiten aufzugeben. Der Neoliberalismus kann den Anblick des zufriedenen Menschen nicht ertragen. Er muss ihn aus seiner Komfortzone, in der er sich unverdientermaßen aufhält, vertreiben, muss ihn in einen Zustand der permanenten Anspannung, der quälenden Besorgtheit, der egoistischen Angst und der feindseligen Kampfeslust versetzt sehen. Nur dieserart lebt der Mensch, so die Ideologie der Neoliberalen, im Einklang mit seiner Natur.

Wer beschaulich, geruhsam, unaufgeregt und entspannt vor sich hin lebt, der verfehlt seine natürliche Bestimmung. Er ist eine degenerierte Existenz. Das wahre Leben hingegen besteht im täglichen Kampf um den persönlichen Vorteil, einen Kampf, den man nicht deshalb führt, weil er von der Notwendigkeit erzwungen ist, sondern weil er unsere wahre Warrior-Natur widerspiegelt, und den der starke Mensch deshalb aus voller Überzeugung bejaht, weil er nur so mit sich selbst identisch sein kann. Denn der Kampf jeder gegen jeden ist der Wesenskern des Menschen, und Selbstverwirklichung ist dem Menschen nur in unausgesetzter Rivalität und Konkurrenz möglich.

„Schluss mit der Bequemlichkeit" tönt es aus den Reihen derer, die das ganze Leben, die gesamte Gesellschaft in einen Marktplatz verwandelt sehen wollen, und denen die Menschen mangels anderer Zukunftsnarrative und Gesellschaftsentwürfe Glauben schenken und folgen. Die Mehrheit glaubt heute an die Alternativlosigkeit des Neoliberalismus, verbindet damit aber nicht die Hoffnung auf eine gute Zukunft für sich und ihre Kinder, eher ist das persönliche Zukunftsbild der Bürger dystopisch. Man blickt der Zukunft, wenn nicht mit Angst, dann zumindest mit gemischten Gefühlen entgegen.

Wenn die Zukunft nur mit Einbußen an Glück, Zufriedenheit und Sicherheit assoziiert wird, wenn sie nur mehr technischen, aber keinen sozialen, kulturellen oder humanitären Fortschritt verspricht, dann ist die Stimmung der Menschen frei von Lust auf diese Zukunft, und wenn schon nicht eiskalt, dann bestenfalls lauwarm. Und die Herzen der Menschen sind voll mit Flitter, angefüllt mit reduzierten, halbierten, kleinen, unechten, billigen Gefühlen, von einem grausamen Realitätsprinzip auf ein zeitkompatibles Kleinformat zusammengedrückt und herunterreguliert.

Eine erbarmungslose neoliberale Vernunft ist dabei, selbst von den Emotionen der Menschen Besitz zu ergreifen. Diese werden täglich gesichtet, katalogisiert, bewertet und kontrolliert. Auch die Emotionen müssen ihren Zweck erfüllen, der darin besteht, den geregelten Ablauf der Produktions- und Reproduktionsprozesse nicht zu stören oder, noch besser, den wirtschaftlichen Erfolg, die Profitproduktion zu fördern. Jedenfalls muss die Gefühlswelt der Menschen zivilisiert, in eine wirtschaftsadäquate Form gebracht werden, denn weder ein leidendes noch ein euphorisiertes Individuum ist ein optimal funktionierendes Produktionsmittel. Der Mensch als ideales Wirtschaftsobjekt ist ein ausgewogenes Wesen der Mitte und damit weit abseits jeglicher Extreme. Er ist optimistisch, aktiv, gut gelaunt, aber ohne Unangemessenheit und Übertreibung.

Die Psychologie ist heute zur Magd der Ökonomie herabgekommen. Die moderne Ich-Psychologie ist die Ordnungsmacht, die den Menschen dazu bringt, sich selbst zu ordnen. Der Psychologe dient als Vermittler von individuellen Taktiken, mit Hilfe derer der Einzelne sich selbst dermaßen auf Vordermann bringt, dass er den Anforderungen des immer intensiver und dichter werdenden Arbeitsalltags optimal genügen kann. Die moderne Psychologie macht den Menschen resilient gegenüber den Zumutungen der ungebändigten postmodernen Ökonomie. Der Mensch bearbeitet unter ihrer Anleitung nicht die externen Zumutungen, sondern sich selbst. Der zukunftstaugliche Mensch: einer, der nicht seine soziale und kulturelle Umwelt, sondern ausschließlich sich selbst verändert.

WENN MENSCHEN AUS MACHTLOSIGKEIT ZU MISS-GÜNSTIGEN MONSTERN WERDEN

Oder: Populismus in Zeiten von Ressentiment und Soft-Egozentrismus

Lauwarm ist die Politik. Ihre Ideen und Initiativen sind mehrheitlich billig und unoriginell, etwas, das nicht selten schrill tönt und vielversprechend schillert, tatsächlich aber weitgehend gehaltlos ist. Dass die Politik sich in einer Periode des „lauwarmen Verfalls" befindet, ist dem Geist des Pragmatismus und des Utilitarismus zu verdanken, der sie beherrscht, wie er angetreten ist, unser ganzes Leben zu beherrschen.

Im Kern bedeutet der gegenwärtig in der Politik herrschende postideologische Pragmatismus die systematische Entfremdung des Menschen von jeder Form der Überzeugung und des Ideals. An die Stelle einer das Handeln motivierenden Idee, an die der Mensch glauben und für die er brennen kann, ist die kühle und rationale Kalkulation des Erfolges getreten. Der Erfolg hat sich von der Sache emanzipiert. Er steht für sich selbst. Wichtig ist nicht mehr, womit man Erfolg hat, es geht lediglich darum, dass man Erfolg hat, mit Hilfe welcher Ideen, Konzepte und Strategien auch immer.

Ein typisches Beispiel für die Gleichgültigkeit des postmodernen egozentrischen Menschen gegenüber dem Gegenstand seines Tuns habe ich vor einiger Zeit selbst kennenlernen dürfen, einen jungen Unternehmer, der relativ viel Geld in der Versicherungsbranche verdient hat und nun eine internationale Modemarke in seinen Besitz gebracht hat. Auf die Frage, warum er das Markenunternehmen gekauft hat, antwortete er: „Es war ein guter Deal." Ohne Zweifel würde der Mann jederzeit das Unternehmen an einen amerikanischen Hedgefonds weiterverkaufen, und es wäre ihm dabei völlig egal, was dieser mit der Marke, den Betriebsstätten und den MitarbeiterInnen machen würde. Hier geht es nicht mehr um die Sache, es geht lediglich um ein Spiel mit Werten mit dem Ziel, am Ende mehr Kapital in Händen zu halten als am Anfang.

Hatte der traditionelle mittelständische Unternehmer noch eine emotionale Verbindung zu seinem Unternehmen, dessen Betriebsgegenstand und seinen MitarbeiterInnen – so hingen zum Beispiel die alten Bierbrauerdynastien an ihren Unternehmen und Marken und wären nie auf die Idee gekommen, diese zu verkaufen und an deren Stelle beispielsweise in die Herstellung und den Handel mit Fischkonserven einzusteigen –, so geht es heute nur mehr um Geld und Ansehen, womit immer man sie erwerben kann. Nicht mehr „was" man tut ist relevant, lediglich „wie" man es tut, ob erfolgreich oder erfolglos, zählt.

In seinem Buch *Die Philosophie des Geldes* unterscheidet Georg Simmel zwei Formen des Begehrens. Die erste ist selbstbezüglich, sie ist allein durch die Befriedigung des Triebes des begehrenden Subjekts bestimmt. Der Gegenstand, durch den die Befriedigung erreicht wird, ist vollkommen gleichgültig. Als Beispiel aus der Lebenswelt bringt Simmel hier den jungen Mann, „der sich an jedem beliebigen Weibe ohne individuelle Auswahl genügen lässt", eine Form der sexuellen Verwirklichung, die man besonders in der postmodernen Business-Kultur ausgeprägt vorfindet, dort, wo sich Männer und Frauen treffen, die glauben, in jeder Lebenslage ihre Vitalität, Virilität und Erfolgstauglichkeit unter Beweis stellen zu müssen. Der Unterschied zu Simmels Zeit besteht darin, dass sich im Gefolge der Angleichung des Geschlechterverhaltens auch viele Business-Frauen an jedem Manne ohne individuelle Auswahl genügen lassen.

Verantwortlich für diese Art von impulsgesteuerter Ego-Sexualität ist neben der heute herrschenden empathielosen Business-Ideologie, in der es eben nicht mehr darum geht, wie mit Mensch und natürlicher Umwelt umgegangen wird und was diese im Zuge des Verwertungsprozesses erleiden müssen, sondern welche Zahlen am Ende eines Geschäftsfalles geschrieben werden, die postmoderne Ich-Psychologie, die sich ausschließlich die Stärkung der äußersten Ich-Struktur ihrer Klientel verschrieben hat. So wird eine steinharte Isolierschicht zwischen dem „wahren" Subjektkern des Menschen und seiner sozialen Umwelt eingezogen, der nach innen hin jegliche Empathiefähigkeit und Menschlichkeit erdrückt, während er nach außen als steinharter Kampfpanzer dient, der zwar relativ unverletzlich ist, gleichzeitig aber weitgehend desensibilisiert ist.

Die zweite Form ist mehr als egozentrische Bedürfnisbefriedigung, es geht in ihr um mehr als um die Erregung und die Beruhigung der Triebe des begehrenden Subjekts. In ihr kommt es zur prinzipiellen Wendung vom Subjekt weg auf das Objekt. Das Getriebenwerden erhält nun eine Einzelbestimmtheit, indem es sich ausschließlich auf ein singuläres, ihm genügendes Objekt ausrichtet. Simmel im Originalton: „Indem die Verfeinerung des Subjekts den Kreis der Objekte, die seinen Bedürfnissen genügen, einschränkt, hebt es die Gegenstände seines Begehrens in einen scharfen Gegensatz zu allen anderen, die das Bedürfnis an sich auch stillen würden, trotzdem aber jetzt nicht mehr gesucht werden." (Simmel 2011)

Die postmoderne Erfolgsideologie stellt sich vor dem Hintergrund der Überlegungen Simmels als purer Egozentrismus heraus, da sie jegliches Objekt, auf das sie sich ausrichtet, seien dies nun KollegInnen am Arbeitsplatz, KundInnen des Supermarktes, GeschäftspartnerInnen, aber auch Sexual- oder BeziehungspartnerInnen, zum reinen Mittel zum Zweck der eigenen Bedürfnisbefriedigung degradiert. Niemals erhält das Objekt der Begierde eine „Einzelbestimmtheit". Immer bleibt es austauschbar, immer in der Position einer Sache, die emotionslos „vernutzt" und verbraucht wird.

Das neue Unternehmertum der Hedgefonds- und Start-up-Kultur ist weit vom Zustand des „verfeinerten Subjekts" Simmels entfernt, das sich durch einen respektvollen und einfühlsamen Umgang mit seinen KundInnen, Geschäfts- oder BeziehungspartnerInnen auszeichnet. Im Gegenteil, wir sehen unter ManagerInnen und Wirtschaftstreibenden eine sich ausbreitende „Desensibilisierung", eine Primitivierung und Dekulturalisierung des Verhaltens. Das postmoderne Wirtschaftssubjekt wird mehr und mehr unfein und vulgär und wird damit immer mehr dem naturnah lebenden Jäger und Sammler der Urzeit und somit dem ursprünglichen Naturzustand des Menschen ähnlich, in dem der spontane Überlebenstrieb, ohne von humanistischen Reflexionen beschränkt und behindert zu sein, das Handeln dominierte. Das dieserart unkultivierte Neo-Unternehmertum ist kalt, hartherzig, gefühllos. Es ist zwar global vernetzt und mit so vielen Menschen in einer kommunikativen Beziehung wie niemals ein Unternehmertum zuvor, lieben und achten kann es aber ausschließlich nur sich selbst. Dass die Intensivierung und Vervielfältigung der Kommunikation den Menschen empfindsamer, verständnisvoller und humaner macht, ist ein moderner Mythos. Durch das Reden kommen die Leute nicht zusammen, d. h., sie kommen sich nicht näher, wenn die Grundmotivation dieses Redens der schnöde eigene Vorteil ist.

In Politik und Wirtschaft ist heute der egotaktische Sozialcharakter vorherrschend, dessen Antrieb primär das Eigeninteresse ist. Gemeinschaftsbezug und emotionale Verbundenheit mit dem Gegenstand seines Handelns sind bei diesem Menschentypus weitgehend abwesend. Das einzige Objekt, das er liebt, ist sein eigenes Selbst. Menschen und Umwelt fungieren nur noch als Hilfsmaterialien, als gefühlsneutrale Ressourcen zur Erreichung subjektiver Ziele, darum die Begriffe „Humanressourcen" und „natürliche Ressourcen". Der desensibilisierte merkantile Mensch der Postmoderne ist nur mehr zur Eigenliebe fähig. Er ist zu einem selbstsüchtigen Kleinkind regrediert, das ohne Schuldgefühl alles nimmt, ohne dafür etwas geben zu wollen.

Und so nimmt es uns nicht wunder, dass die Gegenwartspolitik von einem populistischen, egozentrischen und postideologischen Pragmatismus geprägt ist. Populistisch ist eine jede Politik, der es um Erfolg abseits von Überzeugungen geht, die WählerInnen als Manipulationsobjekte betrachtet, die sie mit Maßnahmen der strategischen Kommunikation mal mehr und mal weniger subtil dorthin zu bringen versucht, wohin sie sie haben will. Populistisch ist letztendlich jede Politik, die von Individuen beherrscht wird, die in erster Linie die Macht wollen und denen es egal ist, mit Hilfe welcher Ideen, Inhalte, Aktionen und Kommunikationen sie zu dieser kommen.

Populismus ist die pure Lust an der Macht, die ohne Werte und Grundüberzeugungen auskommt. Die populistische Politik hat das Ohr immer am Volk, aber nicht, um die Bedürfnisse und Wünsche des Volkes kennenzulernen, sondern nur, um zu sehen, ob die eigenen Manipulationsstrategien oder die des politischen Gegners erfolgreicher waren. Auch hier der Erfolg um des Erfolges willen, wie in der neoliberalen Ökonomie. Geliefert wird das, was sich dem Bürger am besten verkaufen lässt. Und das sind in der gegenwärtigen Situation jene Ideen, deren Grundlage irrationale Ängste, unbewusste Animositäten und unterdrückter Hass sind. Politik hat in der Regel heute dort Erfolg, wo sie an die Ressentiments der Massen anknüpft, an deren unterdrückten Ärger, der sich dadurch zur Entladung bringen und für den Vorteil der eigenen Partei oder Gruppe instrumentalisieren lässt, wenn man den ressentimentbeladenen Bevölkerungsteilen ein passendes Opfer anbietet, ein Opferlamm, das dargebracht wird, um die eigene Schuld an der misslichen Lage zu sühnen und vergessen zu machen. Die eigene Unfähigkeit der mitteleuropäischen Bevölkerung, mit der Zuwanderung emotional fertigzuwerden, wird durch die rituelle Stigmatisierung, Abwertung und Ausschließung der Flüchtlinge kompensiert. Nicht die xenophoben, verunsicherten und ängstlichen BürgerInnen sollen daran schuld sein, dass das Zusammenleben mit den Flüchtlingen nicht klappt, der Flüchtling ist es, mit seinem unzivilisierten Betragen, seiner gelogenen Not, seiner ungezügelten Sexualität. Wir, die EU-BürgerInnen, tragen keine Schuld daran, wenn die Flüchtenden vor unseren bewachten Stacheldrahtzäunen verrecken. Sie selbst sind es, die die Verantwortung für ihr Zugrundegehen übernehmen müssen.

Die ungebildete Bevölkerung unserer Zeit wird von der Politik nicht mehr mit Hilfe von Programmen und politischen Inhalten zu bewegen versucht. Wie im kulturindustriellen Massenfernsehen, in dem kaum Diskussions- und Reflexionsprogramme laufen, sondern rund um die Uhr verblödete amerikanische Serien und Hollywoodfilme, werden zur Mobilisierung der Massen Geschichten und Märchen, heute sagt man „Narrative" dazu, angewendet. Während in diesen „Narrativen" Randgruppen die Rolle des Bösen übernehmen, sind die populistischen PolitikerInnen die guten DrachentöterInnen und weißen MagierInnen, die das Volk von allen Übeln befreien.

Verfolgten die Menschen früher gespannt Diskussionsveranstaltungen, bei denen sich PolitikerInnen unterschiedlicher Parteiprovenienz um die Zukunft des Landes stritten, so gehen sie heute zu Radauveranstaltungen, die in großen Festzelten stattfinden, saufen dort Bier, begeilen sich an Hetzreden und reihen sich am Ende in eine Polonaise ein, Tisch auf, Tisch ab, durch den ganzen Saal. Am wichtigsten aber ist, dass alle Probleme personalisiert werden, dass es für alles, was passiert, eine oder mehrere verantwortliche Personen oder eine ganze Bevölkerungsgruppe gibt. Denn der ungebildete Mensch ohne eigene Meinung braucht es konkret, stereotyp und immer persönlich, wie im abendlichen Fernsehkrimi.

Unbildung und soziale und kulturelle Deklassierung sind die Hauptquellen des Ressentiments, des heimlichen Grolls, der in Menschen entsteht, die sich von Politik und Gesellschaft verlassen und vergessen fühlen und zu bösen, missgünstigen Monstern werden, da sie aufgrund ihrer Machtlosigkeit nicht dazu in der Lage sind, ihren Hass auf die Verhältnisse in konkreten Aktionen der politischen Beteiligung und Mitgestaltung zu sublimieren. Sie vergiften sich ihre Psyche laufend selbst mit dem in ihnen aufgestauten Hass. Albert Camus beschreibt Ressentiments als „die unheilvolle, abflusslose Absonderung einer fortgesetzten Ohnmacht" (Camus 1997).

Die Eliten in Politik und Wirtschaft werden von den Menschen nicht zu Unrecht als Urheber der vielen Miseren gesehen, unter denen Europa und die Welt gegenwärtig leiden. Für Arbeitslosigkeit, stagnierende Löhne, Bankenprivilegien, zunehmende soziale Ungleichheit, steigende Kriminalität und wachsende Unsicherheit sind sie verantwortlich. Es gelingt ihnen aber geschickt, ihre Schuld zu vertuschen, indem sie andere ins Fadenkreuz des Hasses rücken. Waren es früher einmal die Juden, die von Katholizismus und Nationalsozialismus dem Volk als Schuldige für alles Übel der Welt erfolgreich offeriert wurden, so sind es heute Flüchtlinge und MigrantInnen. Auf sie lenken die Eliten, ein Teil von ihnen subtil, ein anderer Teil unverhohlen und direkt, den Hass ab, der eigentlich ihnen gelten und gebühren sollte.

Ein gutes Beispiel für die Strategie der Politik, den dumpfen Groll und den Hass von sich auf eine Gruppe der sozial Schwachen und Kranken abzulenken, ist der junge ÖVP-Politiker Lukas Michlmayr, seines Zeichens Bürgermeister der Stadt Haag in Niederösterreich. Mit Schaum vor dem Mund zieht er über psychisch Kranke her, insbesondere wettert er gegen jene Personengruppe, die dem zunehmenden Druck der neoliberalen Konkurrenzökonomie nicht mehr gewachsen ist. Am Burnout-Syndrom Erkrankte werden von ihm pauschal des Sozialmissbrauchs bezichtigt. Sie würden ihre depressive Erkrankung nur simulieren, um in den Genuss einer Frühpensionierung zu kommen. Um weitere Fälle von Sozialmissbrauch dieser Art hintanzuhalten, schlägt er vor, jährlich exemplarisch dreißig Menschen, die aufgrund der Diagnose Burn-out frühpensioniert wurden, „durch ein intensives Rehabilitationsprogramm (zu) führen" (Weisbier 2016) – in anderen Worten, er verlangt, dass diese Menschen schikaniert, drangsaliert und vor allem an den Pranger der Öffentlichkeit gestellt werden. So könnte man potentiellen BetrügerInnen signalisieren, dass sich das Simulieren einer Burn-out-Erkrankung nicht lohnt.

In der Wortmeldung Michlmayrs vereinigen sich zwei bemerkenswerte Aspekte. Zum einen versucht der ewige Student Michlmayr (seit 2007) durch seinen Angriff auf Burn-out-Erkrankte davon abzulenken, dass er seit fast zehn Jahren auf einem sündhaft teuren Studienplatz sitzt. Hätte er in der vorgesehenen Regelstudienzeit studiert, hätte er schon vor fünf Jahren seine Sponsion erleben müssen und damit Platz für einen anderen, vielleicht fleißigeren und zielstrebigeren Studierenden geschaffen und zusätzlich den SteuerzahlerInnen viel Geld erspart. Um von dieser eigenen Schuld abzulenken, ruft er laut „Haltet den Dieb" und zeigt mit dem Finger auf andere Sozialschmarotzer, in der Hoffnung, dass so seine Vergehen der Aufmerksamkeit der vereinigten Neidgenossenschaft entgehen.

Der zweite interessante Aspekt ist das quälende Ressentiment, das den jungen Haager Bürgermeister beherrscht, sein tiefsitzendes Misstrauen gegenüber psychischen Krankheiten, die deshalb, weil sie unsichtbar sind und sich auch nicht unzweifelhaft empirisch nachweisen lassen, wohl nur Betrug sein können. Für die neoliberale Jugend existiert offensichtlich nur das, was man sehen kann. Hat einer ein Loch im Kopf oder ein Riesengeschwür am Hintern, dann ist er wirklich krank. Leidet hingegen jemand an einer Depression, dann ist er ein Simulant. Wenn das so ist, dass nur existiert, was man sehen kann, dann wäre Michlmayr der Berufene dafür, sich für die Abnahme der Kreuze in den Landschulen der von der ÖVP regierten Bundesländer einzusetzen. Denn auch Gott hat noch keiner gesehen, deshalb kann es ihn nicht geben. Gott wäre dann eine Simulation, ähnlich wie die Krankheit der Burn-out-Patienten. Eine Vorgangsweise analog zur vorgeschlagenen Drangsalierung der Depressiven wäre dann, Gott, sagen wir für drei Monate, unter besondere Beobachtung zu stellen. Gelingt es ihm in dieser Zeit nicht, seine Existenz durch objektiv nachvollziehbares Erscheinen verifizierbar zu machen, dann sofort runter mit den Kreuzen von den Schulwänden und Schluss mit der Finanzierung der Lehrer der katholischen Privatschulen.

Aber das Problem des Lukas Michlmayr reicht wohl weiter. Es ermangelt ihm offensichtlich überhaupt an der Fähigkeit, seinen Mitmenschen vertrauen zu können. Er wittert überall Betrug, Lüge und Manipulation. Ein Grund für seine Haltung könnte im parteipolitischen Umfeld des Jungpolitikers zu suchen sein. Wie schon dargestellt, wird in der Politik vorwiegend nicht mit dem besseren Argument um Positionen und Mehrheiten gerungen, sondern mit Intrige, Kabale, Hinterhältigkeit und arglistiger Täuschung. Ist man nun über Jahre hinweg innerhalb einer Partei tätig, in der mehrheitlich die Interessendurchsetzung über unsachliche Machtpolitik erfolgt, so ist es kein Wunder, dass man dann auch den Menschen außerhalb der Partei nicht mehr vertrauensvoll begegnen kann, denn der Mensch neigt dazu, Erfahrungen, die er in einem abgegrenzten sozialen Feld macht, zu verallgemeinern.

Es ist nicht ganz unwahrscheinlich, dass es sich beim jungen Haager Bürgermeister um einen Menschen handelt, der aufgrund der schlechten Erfahrung, die er bisher in seinem Leben gemacht hat, die Fähigkeit verloren hat, andere Menschen zu lieben, zu schätzen und ihnen zu vertrauen. Anstelle eines wertschätzenden und vertrauensvollen Bezugs zu den anderen ist ein misstrauischer Argwohn getreten, der in allen Mitmenschen zuerst verschlagene LügnerInnen und BetrügerInnen sieht. Muss ein dermaßen beeinträchtigter Mensch tatsächlich in der Position eines Volksvertreters sein? Wäre es nicht besser, er würde schnell sein Studium zu Ende bringen und dann im Wirtschaftsministerium Leiter der Posteinlaufstelle werden? Auch eine angesehene Funktion, bei der er aber anderen Menschen durch empathielose Aussagen weniger Leid zufügen könnte.

Das Ressentiment ist immer mit Neid verbunden. Man beneidet die, denen etwas gegeben wird, das man selbst nicht haben kann. Dem Ressentimentbeladenen geht es nicht primär darum, dass das Unrecht getilgt wird und er selbst das bekommt, von dem er glaubt, dass es ihm zusteht. Viel lieber verzichtet er auf den eigenen Vorteil, wenn er sich dafür an der Bestrafung derer, die aus seiner Sicht unberechtigt genossen haben, mit perversem Vergnügen delektieren kann. Und so blüht der Neidbürger auf, wenn der Migrant in sein desolates Herkunftsland abgeschoben wird, die weinenden Kinder am Arm hinter sich herziehend, die gerade alle ihre emotional wichtigen Bezugspersonen verloren haben. Sein geistiges Auge sieht die Ungebetenen und Ungeliebten bereits jetzt, während er vor dem Fernsehapparat sitzend deren Verladung in Transportmaschinen des Heeres beobachtet, wie sie auf hilfloser Herbergssuche durch ihnen fremd gewordene halbzerstörte Städte irren. Und um das Herz wird es ihm ganz leicht, weil er sich ein klein wenig als Urheber des Strafgerichtes sieht, dass die Armen nun stellvertretend für jene über sich ergehen lassen müssen, die er wirklich hasst, aber die er nicht hassen darf, weil es ihm sein nationalistisches Über-Ich verbietet: die ökonomischen und politischen Eliten seines Landes.

Aber nicht nur die sozial und kulturell Benachteiligten können dem Ressentiment verfallen. Auch „starke Seelen" (Camus 1997) kann das Ressentiment befallen, sie werden aber dann nicht in erster Linie vom erbitterten Hass gegen Fremde und Randgruppen erfasst und damit zu gruppenbezogenen Menschenfeinden, sondern sie tendieren zum Strebertum, d. h., sie werden aggressive KonformistInnen, die sich mit Gleichgesinnten in den Wettstreit darum begeben, wer der beste Anpasser ist und wer von seinem Anpassungsgeschick am meisten profitiert. Mit dem Begriffsinventar der Milieutheorie gesprochen, würde dieser Personenkreis wohl im sogenannten Milieu der Performer zu finden sein, das Milieu der gesellschaftlichen Eliten, deren Angehörige sich neben dem Willen zur Karriere dadurch auszeichnen, dass sie sich der Meinung und dem Willen ihrer Vorgesetzten aus strategischen Gründen unterwerfen, wenn sie davon profitieren können. Der Volksmund nennt diese Menschen Schleimer. Sie versuchen, der Macht zu gefallen, indem sie ihr nach dem Mund reden, und erwarten für ihre täglichen theatralischen Inszenierungen der Unterwerfung einen gerechten Lohn, der aus Privilegien, materieller Zuwendung und Anerkennung in Form von Ordensverleihungen besteht. Wir leben also in Verhältnissen, die sogar den überwiegenden Teil der „starken Seelen" so weit korrumpiert haben, dass diese ihre Karrieregefechte nicht mehr heroisch mit offenem Visier austragen, sondern zu ihrem Vorteil durch die Perfektionierung des Kriechertums zu kommen versuchen. Nachdem dieser Prozess der Umwandlung der Wettbewerbskultur der Eliten von der heroischen Konkurrenzkultur in eine schleimige Subordinationskultur schon seit den 1980er Jahren in einer sich zunehmend radikalisierenden Form läuft, sind heute unsere Führungsetagen in Politik und Wirtschaft überwiegend mit bodenkriechenden Leisetretern und Speichelleckern besetzt. Ihr Duckmäusertum hat sich ihren Körpern aufgeprägt und in ihre Sprache eingeschrieben. Ihre inferiore Persönlichkeit ist damit permanent offensichtlich, und so kommt es, dass die Bevölkerung die Eliten nicht mehr achten kann. Sie schätzt sie gering, vertraut ihnen nicht mehr und macht sich über sie lustig. Die Eliten sind von angesehenen Respektpersonen zu lächerlichen Figuren der Volksunterhaltung geworden.

DIE ELITEN UND DIE MASSE: EINE EINHEIT IN DER DIFFERENZ

Sucht man nach Gemeinsamkeiten zwischen den Eliten und dem Volk, so findet man, dass sich hier zwei gleichermaßen ängstliche, mutlose und dekadente soziale Formationen optimal ergänzend gegenüberstehen, indem sie sich als Entschädigung für ihre Anpassungs- und Selbstunterdrückungsleistungen der perversen Lust hingeben, MigrantInnen, Flüchtlinge und sozial Schwache, wo immer es geht, abzuwerten und einen, wenn vielleicht auch nur kleinen, Beitrag zu deren Erniedrigung zu leisten. Voll klammheimlicher Freude sitzen sie am Abend vor ihren TV-Geräten, wenn ihnen dort vorgeführt wird, wie wieder eine Gruppe von Flüchtlingen in ihr unsicheres und zumeist vom Westen selbst heruntergebombtes Herkunftsland abgeschoben wird. Die Lust am Leid der anderen als Entschädigung für den eigenen, von den neoliberalen Umständen erzwungenen Triebverzicht.

Denn das Volk ist mindestens genauso hinterhältig, verlogen, postheroisch und lächerlich wie seine FührerInnen. Beide, Volk und Eliten, sind pragmatische Mitmacher, sie wollen durch Anpassung zum Erfolg und opfern gerne den unsicheren großen Wurf dem sicheren kleinen Entwürfchen, die große

Lust dem kleinen Lüstchen, die unendliche Leidenschaft dem kalkulierbaren kleinen Glück. Beide, die HerrscherInnen und die Beherrschten, sind ängstliche RisikovermeiderInnen. Sie wollen mit kleinen Einsätzen große Gewinne machen. Dass das nicht funktionieren kann, ist evident, und so stecken die KleinbürgerInnen und ihre Klein-PolitikerInnen immer wieder zähneknirschend unzufrieden ihre Klein-Gewinne in die Tasche, tun aus Imagegründen nach außen aber so, als hätten sie einen Haupttreffer im Lotto gemacht.

Obwohl deshalb immer unzufrieden und vom Gefühl der Enttäuschung beherrscht, treten diese „Short People" niemals aus dem Schutzraum des allgemeinen Konsenses, der Mehrheitsmeinung, des Üblichen und Gewohnten heraus. Während sich die Gruppe der traditionell-bodenständigen MitmacherInnen mit Beruhigungsformeln wie „das Besser ist der Feind des Guten" über ihr langweiliges konformistisches Leben hinwegzutrösten versuchen, wie das ihre VorfahrInnen schon jahrhundertelang gemacht haben, zieht sich das enttraditionalisierte Bürgertum ähnlich wie die postmateriellen Grünlinge in seine Reflexions- und Meditationsräume zurück und sucht die Schuld für die eigene Kleinheit in den Tiefen des eigenen Innenlebens.

Es erhebt sich die Frage, warum sich heute so viele Menschen mit ihrem psychischen Innenleben beschäftigen, mit ihren inneren Bildern, die sie sich in Zuständen der meditativen Loslösung von der Wirklichkeit des Seins zusammenfantasieren? Warum boomt die Esoterik dermaßen? Warum glauben die Menschen plötzlich wieder an die Magie der Runen, des Tarots, des Voodoos, des Schamanismus, des Zigeuner-Orakels, des Baum-Engel-Orakels, von Hexen und Druiden? Warum lassen sie nicht einmal ihre Kinder mit ihren esoterischen Wahnideen in Ruhe und drangsalieren sie mit spirituellen Weisheiten, die sie seltsamen Büchern wie *Engelsymbole für Kinder* oder

Krafttiere für Kinder entnehmen? Sollten solche pädagogischen Praktiken nicht als Verletzung des Kindeswohls durch vorsätzliche Vergiftung ihres Verstandes von der Exekutive verfolgt und von Gerichten geahndet werden?

Und warum setzen sich so viele von uns hin und lauschen andächtig den Vorträgen von buddhistischen, hinduistischen, muslimischen, christlichen Predigern, die ihre Weisheiten und Ratschläge allesamt aus den Aufzeichnungen längst untergegangener primitiver Hirtenvölker haben? Warum reflektieren so viele Menschen lediglich über ihr individuelles Dasein anstatt kollektiv zu handeln oder überhaupt etwas zu tun? Warum wird so viel meditiert und so wenig gelebt?

Es gibt sicher zahlreiche Gründe, die für den Rückzug vieler Menschen in das eigene Selbst und für die Irrationalisierung ihres Weltbezuges verantwortlich sind. Der entscheidende Grund liegt wohl in der postmodernen Form der Individualisierung, die sich von einer aufgeklärten Form der Selbstbefreiung in eine fremdbestimmte Verpflichtung und damit in eine Zumutung verwandelt hat. Wurde von den Philosophen der Aufklärung wie z. B. Immanuel Kant die Freiheit des Menschen als autonomer, freiwilliger Akt der Selbstbestimmung gedacht, so ist die postmoderne Freiheit eine Verpflichtung, der der Zweck der Mobilisierung und Selbstmotivierung des Individuums als produktive Humanressource zugrunde liegt. Die Instrumentalisierung der Freiheit als Produktivkraft und die damit verbundene Idealisierung des selbständigen und selbstverantwortlichen Individuums hat zur Folge, dass die Menschen nun glauben, dass sie allein für ihr Leben verantwortlich, zuständig und lösungskompetent sein müssen. Dass das Individuum vielleicht gar nicht so stark und selbständig ist, dass es vielleicht viel mehr gemeinschaftlichen Halt und stützende kollektive Strukturen braucht, als ihm im Augenblick geboten werden – könnte das nicht einer der Gründe dafür sein, dass so viele Menschen sich den irrationalen Ideen und Glaubenslehren der Esoterik und der Religionen zuwenden? Die Selbstüberschätzung des Individuums, in die dieses durch das ideologische Trommelfeuer der Ich-Psychologie, von MotivationstrainerInnen hineingetrieben wird, ist der Hauptgrund für dessen Flucht aus der Realität in die eigene Innerlichkeit.

In Zeiten einer alles beherrschenden neoliberalen Wirtschafts- und Gesellschaftsideologie, deren wichtigster Effekt in der Zerstreuung und Verflüssigung der Gemeinschaftlichkeit besteht, kann sich das Subjekt nur mehr als vereinzeltes Wesen wahrnehmen, das glaubt, seine Weltbeziehungen ausschließlich durch die Veränderung seiner selbst gestalten zu können. Die Umgestaltung der Welt in gemeinsamer Aktion mit den Mitlebenden und Mitleidenden ist für das postmoderne Individuum vielfach gar nicht mehr denkbar.

Die Hinwendung zum Irrationalen, zum Spiritualismus und zur Esoterik ist eine Folge der Überforderung, die das in die absolute Selbständigkeit und Ungebundenheit gedrängte Individuum empfindet. Es spürt unbewusst, dass es die ihm auferlegte Verantwortung für sich selbst nicht zu tragen imstande ist, dass es allein durch rationale Handlungskonzepte nicht zum Ziel eines sinnerfüllten und glücklichen Lebens kommen kann. Und so wendet sich das in die einsame Selbständigkeit und Losgelöstheit von der Gemeinschaftlichkeit gedrängte Individuum stärkeren Mächten zu, denen es zutraut, ihm zu einem glücklichen und sinnerfüllten Leben zu verhelfen. Wer sich selbst zu schwach für die befreiende Tat fühlt, muss höhere, außerweltliche Mächte imaginieren, um sich von ihnen Stärke und Zuversicht zu holen. Die Rückkehr der Religionen und der Boom der Esoterik ist eine unmittelbare Folge der neoliberalen Überhöhung und damit Überforderung des Individuums.

Wir müssen aber noch weitere Gründe ins Visier nehmen, die den Rückzug in die reflexive Innerlichkeit als Ausgleich für einen Verzicht auf praktisches Handeln bewirken. Warum verharren die Menschen in Dauerreflexion, anstatt zu leben und auf ihre Lebenswelt und die politischen und ökonomischen Systeme, die sie umgeben, Einfluss zu nehmen? Odo Marquard würde hier wohl auf den Umstand der „Übertribunalisierung" der Wirklichkeit verweisen (vgl. Marquard 1986). Diese entsteht dann, wenn man die Lebenswelt der Menschen mit übermächtigen allgemeinen Prinzipien überlastet und dadurch letztendlich das Faktische überhaupt ins Unselbstverständliche und Ungerechtfertigte verwandelt. Verschiebt man unter dem Druck von übermächtigen Prinzipien und Regeln die Realität ins prinzipiell Rechtfertigungsbedürftige, so kann das zur Hemmung des Handlungswillens der Menschen führen. Bevor sie etwas tun, das sie in der Folge eventuell nicht rechtfertigen könnten, verzichten sie gleich auf die Handlung. Die Lähmung des auf die Gesellschaft und die Politik gerichteten Handlungswillens der Menschen wäre so gedacht eine Folge der Überreglementierung der Lebenswelt.

Wesentlicher für den Rückzug aus dem Konkreten und die Flucht ins Abstrakte als die „Übertribunalisierung" scheint mir aber eine andere Veränderung im alltäglichen Leben der Menschen zu sein, die die Arbeitswelt betrifft. Luc Boltanski und Eve Chiapello stellen in ihrem Buch *Der neue Geist des Kapitalismus* fest, dass die wesentliche Produktivitäts- und Profitquelle heute nicht mehr Grund und Boden, geographisch limitierte Ressourcen oder der Einsatz erwerbstätiger Arbeitskräfte ist, sondern die Gestaltung, Vermittlung, Kombination und Interpretation von Informationen. Die berufliche Aufgabe einer immer größer werdenden Zahl von Beschäftigten besteht heute darin, Informationen zu sammeln, sie zu interpretieren, sie neu zu kombinieren und sie in Umlauf zu bringen. Auf den Punkt gebracht bedeutet dies, dass die überwiegende Zahl der Menschen ihren Arbeitsalltag im Umgang mit Symbolen verbringt.

Walter Reese-Schäffer bezeichnet in seinem Buch *Politisches Denken heute* den postmodernen Menschen als „Symbolanalytiker". In ihrem Arbeitsalltag beschäftigen sich die Menschen mehr mit Abstraktionen und Symbolen als mit materiellen Dingen und Vorgängen. Der Boom der Religionen und der Esoterik, aber auch die explosionsartige Ausbreitung der Psychotherapie könnten eine Folge der Verwandlung des Menschen vom Hand- und Industriearbeiter in den „Symbolanalytiker" sein. Ein Mensch, der täglich nichts anderes tut, als Symbole auszudeuten, sie neu zu kombinieren und zu kommunizieren, wird am Ende des Tages wohl mit seiner eigenen Existenz genauso umgehen. Er wird ihr in erster Linie interpretativ begegnen, sie immer wieder neu auszudeuten versuchen und vor allem die neuesten Erkenntnisse über sich selbst, die aus dem auf Permanenz gestellten Vorgang der Selbstbeobachtung erwachsen, an seine Umgebung weiterkommunizieren. Denn der Mensch der Postmoderne lebt in einer performativen Ökonomie, in einer Selbstdarstellungsgesellschaft, wie der deutsche Soziologe Sighart Neckel vortrefflich ausführt, und in einer solchen Gesellschaft ist das höchste Gut die Aufmerksamkeit, die das Individuum auf sich zu ziehen in der Lage ist (vgl. Neckel 2008).

Unter solchen Bedingungen ist der einzelne Mensch veranlasst, alle Informationen, über die er verfügt, so zu verwerten, dass er dadurch einen Aufmerksamkeitsmehrwert erzielt. Auch die Erkenntnisse über seine eigene Person werden dieser Verwertungslogik unterworfen. Der Mensch veröffentlicht selbst seine intimsten Wahrheiten, wenn er dafür Interesse und Aufmerksamkeit der Öffentlichkeit erreichen kann. Die sozialen Netzwerke des Internets sind dabei, Kommunikationsplattformen zu werden, auf denen in erster Linie Intimitäten ausgetauscht werden. Tag und Nacht sitzen Millionen Menschen an ihren Onlinezugängen, um ihr Innenleben zu vermarkten. Für politische Aktivitäten und praktisches Handeln im Kontext der Lebenswelt bleibt da wenig Zeit.

Wer viel in dieser Weise im virtuellen Raum kommuniziert, ist in seiner Handlungsfähigkeit in der Welt des gesellschaftlich Realen eingeschränkt. Denn wer sich in erster Linie mit seinem Innenleben beschäftigt, dessen Realitätskompetenz nimmt ab. Er wird dann vielleicht in der Lage sein, jede seiner Gefühlsregungen mit irgendeinem Kindheitserlebnis in Zusammenhang zu bringen und so für die vielen Zufälle des Lebens ein paar scheinbar objektive Erklärungen finden. Über die Auswirkung von politischen und ökonomischen Ereignissen auf sein Leben, ja selbst über den Einfluss seines Freundeskreises auf seine Persönlichkeit, wird er wenig wissen. Er wird zum Experten seiner Innenwelt und zum Dilettanten, was die Außenwelt betrifft.

Die wenigsten Menschen, ob sie nun den Eliten oder der Masse angehören, sind heute bereit dazu, sich für ihre Überzeugungen zu exponieren, für die gute Sache einen persönlichen Nachteil zu riskieren. Während die Eliten gegenüber den ihnen übergeordneten Instanzen, den europäischen und internationalen Organisationen, den Interessensorganisationen des Kapitals, den Bilderbergern, den weltbeherrschenden Monopolen kuschen, kuscht die Masse vor ihren beruflichen Vorgesetzten, den polizeilichen und juristischen AmtsträgerInnen und ihren politischen FührerInnen.

Der offene Konflikt wird vom Volk und seinen Eliten gleichermaßen vermieden, wo immer es nur geht. Will man dennoch auf den Gang der Ereignisse Einfluss nehmen, dann mit Hilfe der Intrige, der Lüge, der Verleumdung. Wir leben in einer Gesellschaft, in der weder die Eliten noch das Volk mit offenem

Visier agieren. Was als Kampfmittel vorherrscht, sind subtile Taktiken der Verunglimpfung, der Herabsetzung, der Diffamierung.

In Zusammenhang mit dem angepassten, egotaktischen Menschentypus, der den Aufstieg durch Anpassung sucht und der die Begrenzung seiner Möglichkeitsräume durch übergeordnete Autoritäten anerkennt, verweist Slavoj Žižek in seinem Buch *Blasphemische Gedanken* auf den „letzten Menschen" von Friedrich Nietzsche. Nietzsche glaubte, wohl zurecht, wie man heute sieht, dass sich die westliche Kultur auf einen letzten Menschen zubewegt, der ein apathisches Geschöpf ohne große Leidenschaften sein werde, unfähig zu träumen, risikovermeidend, allein nach Bequemlichkeit und Sicherheit suchend und wahllos tolerant allem gegenüber, was das gesellschaftliche Leben so hervorbringt. Žižek nennt diese letzten Menschen der Gegenwart „passive Nihilisten". Der „passive Nihilist" will sein Leben voll materieller und kultureller Reichtümer genießen, überhaupt ist der stetige Genuss alles, was er will. Und damit er nicht von anderen beim Genießen gestört wird, akzeptiert er kritiklos jede Art des Genusses seiner Mitmenschen. Dem letzten Menschen ist also alles gleich, er hat das Werten und Bewerten aufgegeben, aus Angst, selbst bewertet zu werden.

Was Nietzsche den letzten Menschen und Žižek den passiven Nihilismus nennt, wird in der Trendforschung unter dem Begriff „Mindfulness" erfasst. Mindfulness ist das gleichgültige Akzeptieren von allem, was sich um einen herum ereignet oder an Gefühlen und Gedanken zum Ausdruck gebracht wird, ohne dass man es bewertet oder darüber ein normatives Urteil fällt. Die „Toleranz" geht nicht aus der kritischen Auseinandersetzung mit den Meinungen und Überzeugungen anderer oder anderer Lebensweisen hervor, sondern entsteht dadurch, dass man diese emotional nachzuvollziehen versucht. Der ins irrationale gewendete postmoderne Mensch fühlt sich in seine

Mitmenschen, in das Geschehen um ihn herum ein, anstelle es vernünftig zu hinterfragen und reflektiert zu bewerten.

Das ist passiver Nihilismus in Reinkultur, der Mensch, der sein persönliches gutes Leben genießt und dem es gleichgültig ist, wie andere ihr persönliches gutes Leben genießen. Die GenießerInnen lassen sich gegenseitig in Ruhe, ein Urteil über das Erleben und Genießen der anderen wird vermieden. In den 1990er Jahren hat man eine solche Geisteshaltung als Softindividualismus beschrieben, ein ästhetisierter Individualismus, mild, sanft, meditativ und still, umgeben vom Geruch von Räucherstäbchen und begleitet vom Klang des Muschelhorns, am Ende doch nichts Anderes als das dekadente und egozentrische Nebeneinanderherleben von intellektuell und politisch abgewirtschafteten Angehörigen des Bürgertums, die aus ihrer gesellschaftlichen Bedeutung durch den neoliberalen Wandel hinauskatapultiert wurden und hoffen, sich dadurch retten zu können, indem sie sich das reaktionäre, realitätsgleichgültige Prinzip der Mindfulness aneignen.

Die ich-zentrierte, buddhistisch angehauchte Ideologie der Mindfulness vermittelt dem leicht angegrünten Bürgertum das Gefühl, wenigstens als Individuen etwas Besonderes zu sein, nachdem sie ihre kulturelle und politische Vorzugsstellung als Klasse verloren haben. Sie glauben, dass sie der Bewertung und Auslöschung durch konkurrierende aufsteigende gesellschaftliche Gruppen entkommen, indem sie sich diesen gegenüber neutral verhalten. Ein Irrtum, denn sowohl die rechtspopulistischen Neoproletarier als auch die neoliberalen neuen Eliten sind mitleidslos, auch gegenüber denen, die so wie die kleinen Kinder tun, als wären sie gar nicht da, wenn sie in eine für sie prekäre Situation kommen, als würde sie die ganze Gesellschaft gar nichts angehen, als würden sie außerhalb der Regeln und Gesetze des kollektiven Seins stehen. In der Konkurrenzgesellschaft ist für das Kraftlose und Abgelebte kein Platz. Die nach dem Prinzip „Search and Destroy" handelnden Siegertypen, der autoritäre Rechtspopulist und die neoliberalen Eliten, werden die verinnerlichte Dekadenzbürgerlichkeit an den Rand der Gesellschaft schieben, wo sie dann als lächerliche Versatzstücke der Vergangenheit weiterleben dürfen. Man wird ab und an einen von ihnen ins Dschungelcamp einladen, zur Erinnerung daran, dass es hinter den sieben Bergen bei den sieben Zwergen noch so etwas Lustiges wie die alte Bourgeoisie gibt, die einmal mit ihrer näselnden Manierlichkeit den kulturellen und ökonomischen Gang der Gesellschaft bestimmt hat.

Bei Nietzsche findet man auch den Gedanken, dass Toleranz nicht mehr als der Mangel an Überzeugung ist. Damit ist exakt die Toleranzhaltung der Mindfulness auf den Punkt gebracht. Ausschaltung des kritischen Verstandes bei gleichzeitiger meditativer Herstellung einer Haltung der verstehenden Akzeptanz, die allein auf dem emotionalen Nachvollzug anderer Lebensweisen beruht. Die Standpunktlosigkeit und Ziellosigkeit des abgewirtschafteten Bürgertums konnte keine bessere Form finden als eine an den Buddhismus angelehnte Lehre, die es erlaubt, ohne Überzeugung und ohne heroische, auf die Zukunft gerichtete Erzählung egoistisch und selbstgefällig zu sein.

Slavoj Žižek hat uns auf den seltsamen Tausch hingewiesen, der sich zwischen Asien und Europa ereignet hat. Während sich nämlich die AsiatInnen unser technisches Know-how angeeignet haben, um es dynamisch weiterzuentwickeln, und zwar weiter als wir es je vermocht hätten, haben sie uns im Ausgleich dafür ihre abgestandenen irrationalen Lebenslehren und Religionen, wie zum Beispiel den Buddhismus, aufgebrummt, die wir nun als Medikament gegen unsere dekadenten Depressionen und Sinnkrisen verwenden. Während die AsiatInnen mehr und mehr zu RealistInnen und RationalistInnen werden, versinken wir in einer Flut des Irrationalismus. Denn die Sprache der Ideologien der Dekadenz ist immer fiebernd irreal, traumhaft utopisch und abgehoben ungegenständlich. Sie präsentiert sich gerne in magischen Beschwörungsformeln, wirft leere Signifikanten in den Raum, die durch ihr Schillern und Glänzen beeindrucken, bei näherer Betrachtung aber sich als gänzlich inhaltsleer herausstellen und darum für alle möglichen Projektionen und Assoziationen eignen, die sie bei RezipientInnen hervorrufen.

Ganz im Stil der Ideologie der Mindfulness argumentiert auch der Zukunftsschamanismus des Zukunftsinstituts des Matthias Horx, der Mann, dessen Erfolgsmethode darin besteht, dass er aus allen möglichen Medien Versatzstücke zusammenträgt, sie auf einen Haufen wirft, mit fiebrig-grellen Prophezeiungs-Vokabeln abmischt und dann in graphisch eindrucksvoll gemachten Zukunftsbibeln auf den Markt wirft.

Gemäß eines seiner letzten belehrenden Rundschreiben gehört die Zukunft dem Wir-Gefühl. Die Menschheit, durch den Verlust der großen Erzählungen irritiert und orientierungslos geworden, schafft sich eine neue Wir-Kultur. Die Bindeglieder dieser Wir-Kultur sind Intuition und Vertrauen, und damit ist sie, genauso wie die vormodernen Gemeinschaften, auf die sich diese Vision offenbar bezieht, irrational und gefühlsbestimmt.

Hier reichen sich die neobuddhistische Mindfulness und der Zukunftsschamanismus die Hand, indem sie ihren kleinsten gemeinsamen Nenner in der Verabschiedung der Vernunft, in der Ausschaltung des Verstandes finden. Anstelle eines Zusammenlebens durch vernünftige Vereinbarungen wird uns die Vergemeinschaftung auf Basis von mystischem Urvertrauen und irrationalen Seinslehren anempfohlen. Und das vor dem Hintergrund einer Gesellschaftsentwicklung, die sich im Gegenteil immer mehr in Richtung Individualisierung und Pluralisierung bewegt, die durch die fortschreitende Ökonomisierung ein immer größer werdendes Areal der menschlichen Lebenswelt vermarktwirtschaftlicht und deshalb, ganz konträr zur Auffassung des Zukunftsschamanen Horx, das große „WIR" der Zukunftsforschung, das uns in Zukunft alle aufnehmen und umfangen soll, tatsächlich zugunsten des großen „EGO" der posttraditionellen, schwach verbundenen flüchtigen Netzwerkbekanntschaften zum eigenen Vorteil vollständig auslöschen wird.

Denn wir sehen heute ein noch nie dagewesenes Verdampfen und Verschwinden des Kollektiven, die Verflüssigung von traditioneller Gemeinschaftlichkeit. Wo früher stabile Communitys waren, finden wir heute individualisierte posttraditionelle Strukturen. Die Individuen treten mehr und mehr in Konkurrenz zueinander. In der Arbeits- und in der Freizeitwelt werden die Menschen separiert und segregiert, aufeinandergehetzt und auseinanderdividiert. Auf der Straße steigen die Menschen über kollabierte Mitmenschen. Sie tun so, als hätten sie sie nicht gesehen. Und Flüchtlinge, die von Krieg und Not getrieben zu uns auf dem Weg sind, wollen sie aussperren und die, die schon da sind, loswerden. Neid, Hader, Intriganz und Zwietracht breiten sich in Politik und Wirtschaft aus. Man kämpft um Positionen mit allen Mitteln, meistens jenseits aller Moral. Die sozialen Positionskämpfe und die Lust an der Statusdifferenzierung nehmen zu. SchülerInnen und Studierende wollen wieder mehr Konkurrenz in ihren Bildungseinrichtungen, es muss Rangreihen geben, ein klares Unten und ein eindeutiges Oben. Ja, die Menschen sind auf der Suche nach Orientierung nach dem Zusammenbruch der alten Narrative, aber sie suchen sie nicht in einer neuen Wir-Kultur, sondern in einer überspitzten Ego-Kultur, in einer Konkurrenzkultur, die klare Kriterien festlegt, anhand derer sich Sieg und Niederlage bestimmen lassen.

Dazu ein kleines Beispiel: Auf einer „Konferenz zur Zukunft der Lehre" war eines der wichtigsten Anliegen der Lehrlinge aus einem großen Staatsbetrieb, dass man ihren hochwertigen Lehrabschluss anders kennzeichnet als den „minderwertigen" jener Lehrlinge, die ihre Ausbildung im Rahmen der überbetrieblichen Lehrausbildung absolvieren, die in der Regel in einer Schulungseinrichtung für jene Lehrlinge durchgeführt wird, die keinen Ausbildungsbetrieb gefunden haben. Anstelle einer Lehrlingsentschädigung erhalten diese Lehrlinge lediglich eine gering dotierte „Ausbildungshilfe". Diese überbetriebliche Lehrausbildung, eine Hilfsmaßnahme für die Schwächsten in unserer Gesellschaft, die ohne Unterstützung überhaupt keine Chance auf dem Arbeitsmarkt hätten, soll also deutlich als „Loser-Ausbildung" gekennzeichnet werden. Ziel einer solchen Überlegung ist es, dass durch diese Stigmatisierung mögliche zukünftige ArbeitgeberInnen gleich auf den ersten Blick erkennen können, wer die richtigen und wer die falschen Lehrlinge sind. Das Statement des smarten jungen Mannes, der vielleicht in seinem Beruf hochkompetent ist, in seiner Sozialempathie durchaus noch Verbesserungspotenzial aufweisen dürfte, ist offensichtlich schon eine kleine Vorausschau auf das neue Wir-Bewusstsein, das uns die Zukunftsschamanen prophezeien. Willkommen in der achtsamen und feinfühligen Zukunftsgesellschaft des großen WIR.

DIE GEGENWARTSPOLITIK: ÜBERTRAINIERT UND KAPUTTBERATEN

Friedrich Nietzsche schreibt in seiner *Götzen-Dämmerung:* „Kein Ding geräth, an dem nicht der Übermut seinen Teil hat. Das Zuviel an Kraft erst ist der Beweis der Kraft." Legt man diesen Satz als Messlatte an die gegenwärtige Politik an, um deren Vitalität und Leistungsfähigkeit zu bestimmen, so ergibt sich notwendig, dass sie nicht viel erreichen wird können, weil in ihrem Handeln nicht die kleinste Übermütigkeit auszumachen ist. Die Politik der Gegenwart ist mutlos und kraftlos, sie ist feige und bis zur Unerträglichkeit selbstbeherrscht, abgeklärt und kaltblütig. In ihr regiert das Kalkül, die eisige egozentrische Vernunft. Alles, was getan wird, ist, um wieder mit Nietzsche zu sprechen, „kalt, vorsichtig, bewusst, ohne Instinkt".

Wer unter PolitikerInnen einen spontanen, lebendigen, kreativen und leidenschaftlichen Menschen sucht, der sucht vergeblich. Die PolitikerInnen unserer Tage sind übertrainiert und kaputtberaten. Wie ferngesteuerte Kommunikationsmaschinen bewegen sie sich durch die Politikmagazine des Fernsehens. Ihnen gegenüber befinden sich JournalistInnen, ebenso ängstlich und kleinmütig wie ihre InterviewpartnerInnen. Man merkt sofort, den einen wie den anderen geht es nur darum, möglichst ohne Selbstbeschädigung durch die Sendung zu kommen. Beide Seiten wollen in erster Linie nicht negativ auffallen. Oberstes Handlungsprinzip ist die Fehlervermeidung.

Die Politik besteht mehrheitlich aus Sprechpuppen, die mehr oder weniger gut präpariert einen eingeübten Text nachplappern. Die Vermittlung der Botschaften an die WählerInnen gelingt deshalb schlecht, weil die Medienauftritte unambitioniert, unauthentisch, vor allem ohne echte emotionale Beteiligung sind. An der Körpersprache der meisten PolitikerInnen merkt man, dass sie das, was sie sagen, eigentlich gar nicht meinen, dass ihre Gefühle an der Sache, die sie vertreten, unbeteiligt sind. In der Regel ist das Gesagte taktisches Vokabular, welches die EmpfängerInnen der Botschaften weitgehend unberührt lässt. Die Emotionalisierung der EmpfängerInnen kann nur gelingen, wenn auch die SenderInnen aufrichtig von dem bewegt erscheinen, was sie zum Ausdruck bringen. Da man den meisten PolitikerInnen aber ansieht, dass ihnen das, was sie sagen, gar nicht wichtig ist, bleiben die BürgerInnen ebenso kühl und unberührt von der politischen Kommunikation, wie es deren AbsenderInnen sind. Auch deshalb kommen politische Amokläufer wie Donald Trump bei den WählerInnen so gut an, weil diese spüren, dass er hinter allem steht, was er sagt, auch wenn es bei klarer Vernunft betrachtet noch so wahnhaft und idiotisch ist. Dasselbe gilt für die Rechtspopulisten in Österreich und Deutschland. Nicht was sie sagen, macht sie so populär, sondern weil sie es mit Überzeugung und echtem Engagement zu tun scheinen.

Wenn SozialdemokratInnen nicht sozialdemokratisch, Christlich-Soziale nicht christlich-sozial und Grüne nicht postmaterialistisch empfinden, dann sind sie ständig in Gefahr, gefühl- und instinktlos zu handeln. Die Hauptkrankheit unserer

PolitikerInnen ist das Fehlen von Leidenschaft. Die meisten von ihnen sind nicht mit dem Herzen bei ihrer Sache. Dies zeigt sich besonders anhand spontaner Statements, die weit abseits der Ideenwelt ihrer politischen Tradition liegen, und einem Lifestyle, der sich bis zur totalen Gegensätzlichkeit von der sozialen und kulturellen Lebensrealität ihrer WählerInnenschaft entfernt hat. Postmoderne PolitikerInnen können die Lebenswelt ihrer WählerInnen bestenfalls noch intellektuell begreifen, verstehen können sie sie längst nicht mehr.

SozialdemokratInnen, die, kaum haben sie ein gut dotiertes politisches Mandat übernommen, ihre Wohnung im Arbeiterbezirk aufgeben, um in die teuerste Wohngegend der Stadt zu ziehen, sind genauso instinkt- und empfindungslos wie ChristdemokratInnen, die für die Gesamtschule eintreten, und Grüne – siehe Winfried Kretschmann –, für die sich Länder, in denen demokratische Grundrechte ignoriert werden, plötzlich in sichere Herkunftsstaaten verwandeln. Wenn der Pragmatismus jeglichen politischen Idealismus auffrisst, dann ist die Politik nur mehr kalter Technokratismus, der keine emotionalen Bindungen mehr zu evozieren in der Lage ist.

Die Instinktlosigkeit der Politik wird deutlich an ihrer Sprache. Ein instinktsicherer Parteienvertreter weiß, ohne stundenlang vorbereitet worden zu sein, was zu einem Thema aus dem Bereich der Wirtschafts-, Sozial- oder Bildungspolitik zu sagen ist. Der Instinktlose weiß es nicht. Deshalb sagt er entweder eingelernte Sprüchlein auf oder er schwätzt vor sich hin, verbreitet wolkige Sprachgebilde auf höchstem Abstraktionsniveau. Gleichzeitig ist die politische Instinktlosigkeit handlungsschwach, da sie ständig unsicher ist, weil sie nicht auf einem festen ideologischen Untergrund steht.

Die Masse der PolitikerInnen, die noch nie in ihrem Leben eigenständig eine relevante praktische Tat gesetzt haben, zum

Beispiel ein eigenes Unternehmen gegründet oder sich selbst ohne Hilfe der Partei einen Job gesucht haben, wird immer größer. Ihr Verständnis von Politik ist deswegen reduktionistisch, d. h., ist für sie immer nur das Reden über Probleme, niemals deren Lösung. Politik wird so zur reinen Kommunikation, eine Aneinanderreihung von Aktivitäten des Meinungsaustausches und der Überzeugungsrhetorik. Passend dazu ist der Satz von Theodor Adorno: „Schwer kann man der Beobachtung ausweichen, wie verbreitet der Glaube ist, real ungelöste und unauflösliche Probleme seien dadurch gelöst, dass man sie beredet." Politik ist heute weitgehend die Produktionsstätte von rhetorischen Fassaden, hinter denen Ratlosigkeit, Handlungsunfähigkeit, vor allem aber Unfähigkeit verborgen wird.

Die Politik ist heute ein ästhetisches Ereignis. Wie in der Konsumsphäre beherrscht in ihr der Zeichenwert des Angebotes die Kommunikation. Wichtiger als alle Inhalte sind die Formen des Erscheinens, in der politische Botschaften verbreitet werden. Die WählerInnen wählen schon längst nicht mehr nach Programmen, da sie von Vernunft- zu emotionalen Augenmenschen umerzogen wurden. Ihre Wahlentscheidungen werden vom Lifestyle der wichtigsten RepräsentantInnen der Parteien und dem in Bildern und Design ausgedrückten Partei-Image bestimmt.

Die Vertauschung von Form und Inhalt ist ein allgemeines gesellschaftliches Prinzip geworden. Es gilt heute überall, ob im politischen, beruflichen oder privaten Leben der Menschen. Dazu eine kleine Geschichte aus dem Mikrokosmos der eigenen Erfahrung: Eine flüchtige Bekannte ersuchte mich um ein paar ReferentInnentipps für eine wissenschaftliche Veranstaltung, die sie mitorganisieren durfte. Es ging um SoziologInnen. Ich ließ ihr eine Liste von Namen zukommen. Sie rief mich ganz begeistert an, bedankte sich, so wie das heute üblich ist, in übertrieben überschwänglicher Art und Weise und zeigte sich besonders angetan von einer der vorgeschlagenen Personen. Es war der deutsche Soziologe Hartmut Rosa. Ich dachte in meiner Naivität, dass sich die Dame mit den Theorien Rosas zu Beschleunigung, Entfremdung und zur Konstruktion von Identität in der Postmoderne auseinandergesetzt hätte. Bald musste ich erkennen, dass ihre Vorliebe für den Herrn anderer Natur war. Sie fand den Mann auf den Fotos, die sie im Internet recherchiert hatte, so verdammt gut aussehend. Wäre diese Entäußerung der totalen Geistlosigkeit ein Einzelfall, könnte man sich nun mit einem Lächeln zurücklehnen und entspannt weiterlesen, aber es scheint mehr und mehr die Regel zu werden, auch ReferentInnen für wissenschaftliche Vorträge aufgrund ihres Aussehens und ihrer Ausstrahlung auszuwählen.

Während früher die Parteien Träger von Ideen, Idealen und Weltanschauungen, von Visionen und großen Gesellschaftsentwürfen waren, sind sie heute nicht mehr als sich unter dem Einfluss des Zeitgeistes wandelnde modische Formen. Sie sind weitgehend auf ihr äußeres Erscheinungsbild reduziert, weil die großen Erzählungen, wie der Liberalismus, der Sozialismus oder der Konservatismus, an Strahlkraft verloren haben. Wo die alten Weltanschauungen nicht mehr präsent sind, tritt an ihre Stelle die Ästhetik, das Formale, die Mode. Diese Schwerpunktverschiebung vom Bedeutungsinhalt zum Bedeutungsträger, vom Substanziellen zum Akzidentiellen in der postmodernen Kultur, konstatiert der Soziologe Georg Simmel schon am Ende des 19. Jahrhunderts, wenn er schreibt: „Deshalb gehört zu den Gründen, aus denen die Mode heute so stark das Bewusstsein beherrscht, auch der, dass die großen, dauernden, unfraglichen Überzeugungen mehr und mehr an Kraft verlieren. Die flüchtigen und veränderlichen Elemente des Lebens gewinnen dadurch umso mehr an Spielraum." (Simmel 2008: 55)

Nachdem sie ihre Weltanschauungen aufgegeben haben, sind die Parteien zu Spielbällen ästhetischer Moden und anlassbezogener Wendungen der öffentlichen Meinung und des gesellschaftlichen Geschehens geworden. Der Minderheit der WählerInnen, die noch weltanschaulich entscheiden, erscheinen die Parteien als unzuverlässig, denn sie drehen und wenden sich nach den Notwendigkeiten, die ihre gesellschaftliche und mediale Umwelt täglich diktiert. So hat die deutsche CDU von einem Tag auf den anderen den Ausstieg aus der Atomenergie beschlossen, der für sie jahrzehntelang tabu war, nur, weil weite Teile der Bevölkerung im Gefolge eines japanischen Reaktorunglücks in panische Angst verfielen und in Scharen zu den Grünen überzulaufen drohten. In der Zwischenzeit sind die Grünen wieder auf das adäquate Maß reduziert, aber die Atommeiler werden weiterhin nach und nach stillgelegt. Ein hoher Preis, um einer situativen Panik zu begegnen.

Das wohl typischste Beispiel für die Wandlung der Politik vom moralischen zum ästhetischen Phänomen ist Winfried Kretschmann, der grüne Ministerpräsident von Baden-Württemberg. Er hat in seiner Jugend ganz links bei den Maoisten begonnen und endet jetzt in der christlich-konservativen Ideenwelt der CDU. Die gesamte Landespartei der Grünen hat er in den düsteren Orkus des Konservatismus mit hinuntergerissen. Das ist aber egal, denn am Ende des Tages geht es ohnehin nur mehr darum, Erfolg zu haben, egal mit welchen Mitteln.

Der politische Weg Kretschmanns, von der ganz linken Flügelposition direkt hinein mitten in die rechte Ecke, scheint typisch für jene linken Revoluzzer aus den 1960er und 1970er Jahren zu sein, für die Politik wohl immer nur eine ästhetische Aufgabe war, bei der es in erster Linie darum ging, die passende Performance im richtigen Design abzuliefern – man erinnere sich an Joschka Fischers Turnschuhauftritte als Umweltminister in Hessen – und für die politische Inhalte und Überzeugungen immer nur ein Mittel zum persönlichen Zweck, d. h. zur Selbstprofilierung waren. Diese politischen Flaneure sind durch einen extremen Egozentrismus geprägt, der die ganze Welt für die Erreichung ihrer individuellen Ziele herabzuwürdigen bereit ist. Sie wenden sich keinem Menschen und keiner Sache in wahrer Teilnahme und mit wirklichem Interesse zu, sie benutzen Menschen und Inhalte nur, um das einzige Ziel zu erreichen, um das es ihnen geht, den persönlichen Vorteil, sei er nun immaterieller oder materieller Natur.

In Österreich ist die Situation, was die Grünen betrifft, etwas anders. Dort werden diese, nimmt man die Wiener Grünen aus, von Menschen geführt, die gar keine Entwicklung von links nach konservativ-bürgerlich durchmachen mussten, denn sie waren schon immer im Konservatismus zu Hause. Es handelt sich um Anzug oder Kostümchen tragende, angepasste und langweilige Bürgerkinder, die, wenn sie an einem katholischen Altar vorbeikommen, wie selbstverständlich in die Knie gehen und ihr Kreuz schlagen, so wie es sich für einen außenorientierten Taufscheinchristen und Ja-Sager gehört. Diese Leute denken kulturell ausschließlich konservativ; das sieht man daran, dass sie, wie durchschnittliche Biederlinge eben, mit PartnerIn und Kindern im schnuckeligen Einfamilienhäuschen am Stadtrand oder in der adretten Innenstadtwohnung leben und wirtschaftspolitisch neoliberal denken, was man daran merkt, dass sie eine Bildungspolitik vertreten, in der es primär darum geht, Kinder und Jugendliche zu gut funktionierenden Rädchen des politischen Verwertungsprozesses zu erziehen. Und das Schlimmste daran ist, dass diese Leute nicht reaktionär sind, weil sie zu dumm oder zu ungebildet dazu sind, um das, was sie da tun, zu verstehen, sondern sie durchschauen das Spiel sehr wohl und machen, des persönlichen Vorteils wegen, willfährig bei der Formierung der Gesellschaft nach den Plänen der internationalen Wirtschaftslobby mit.

In Österreich folgen sämtliche relevanten Parteien der Logik der neoliberalen Kürzungspolitik bei Sozialtransfers, weil sie alle davon ausgehen, dass in einer zunehmend egozentrischer werdenden Neidgesellschaft die WählerInnen sich von den Parteien abwenden werden, die nicht restriktiv gegen das sogenannte Sozialschmarotzertum vorgehen. Dabei wird fast wöchentlich durch Statistiken nachgewiesen, dass die realen Fälle von Sozialmissbrauch im niedrigen einstelligen Prozentbereich liegen, es also Sozialschmarotzertum in relevanter Quantität gar nicht gibt. Aber die Wirklichkeit der Gesellschaft zählt bei politischen Diskussionen schon längst nicht mehr. Alles Politische ist zu einem Schlachtfeld unterschiedlicher Erzählweisen geworden. Magische Narrative werden in Umlauf gebracht, die handlungsmotivierende rote, schwarze, blaue oder grüne Fantasiebilder in den Köpfen der Menschen erzeugen sollen. Nicht auf die Wirklichkeit beziehen sich die politischen Botschaften der Gegenwart, sondern auf realitätsenthobene Trugbilder, die von PR-Agenturen im Auftrag der politischen Parteien erzeugt werden, um in den BürgerInnen günstige Emotionen hervorzurufen.

An dem Beispiel der gegenwärtigen Flüchtlingspolitik sehen wir, dass es für die Parteien bei ihrer Positionierung ausschließlich um wahltaktische Überlegungen geht. Wenn die Mehrheit der WählerInnen empathielos, missgünstig und voller Ressentiments gegenüber Asylsuchenden ist, dann müssen sich auch die Parteien so positionieren. Die Parteien unserer Tage wollen niemanden mehr von ihrer Programmatik überzeugen – was freilich auch schwer möglich ist, weil sie in der Regel keine haben, und wenn, dann glauben sie nicht an sie –, sondern sind reine Marketingmaschinen, die den Markt sondieren und genau die Meinungen in den Markt bringen, die dort mehrheitsfähig sind.

Genau wie das Marketing des Wirtschaftsbetriebes arbeitet das Marketing der politischen Parteien nach dem Grundsatz der optimalen Ausrichtung des Unternehmens auf den Markt. Die typische politische Partei der Gegenwart ist vollständig kommodifiziert, d. h., sie funktioniert wie eine Verkaufsmaschine, die alles verkauft, was der Markt verlangt, die ihr politisches Handeln primär am Tauschwert ihrer Aussagen ausrichtet und den Gebrauchswert beliebig an die KonsumentInnenbedürfnisse der Massen anpasst. Die Politik ist heute weitgehend genauso marktopportunistisch wie der durchschnittliche Softdrink-Konzern.

Der Unterschied zwischen Wirtschaft und Politik, der früher darin bestand, dass die Wirtschaft sich am Markt orientierte und die Politik ihren Markt, den Markt der Meinungen und Überzeugungen, aktiv zu gestalten versuchte, ist vollkommen nivelliert. Die gegenwärtige Politik will nicht mehr gestalten, sie funktioniert analog der postmodernen Big-Data-Kultur. Diese analysiert die KonsumentInnen, lotet deren Bedürfnisse aus, um ihnen dann wie eine billige Hetäre völlig willenlos zu Diensten sein zu können. Die Politik tut es nun der Big-Data-Kultur gleich, und wie die schlimmsten Produkte der Kulturindustrie, nehmen wir hier als Beispiel Helene Fischer, schmiegt sie sich gurrend und schnurrend an die vulgären Überzeugungen und ästhetischen Bedürfnisse des Durchschnittsmenschen an und umgarnt sein einfach strukturiertes reflexionsarmes Ego mit hingebungsvollen Treue-, Nutzen- und Sympathieversprechen, von denen sie in dem Augenblick, in dem sie abgibt, schon weiß, dass sie sie nicht halten wird. So wie die BesucherInnen des Helene-Fischer-Konzertes am Ende mit einem Packen realitätsferner Illusionen in ihren redundanten und freudlosen Alltag zurückgeschickt werden, erwachen die WählerInnen, wenn ihr von der manipulativen Überzeugungskommunikation hervorgerufener Gesinnungsrausch ausgeschlafen ist, mit

Kopfschmerzen und leeren Händen dort, wo sie sich immer schon befanden, außerhalb des Interesses und der Aufmerksamkeit der herrschenden politischen Elite.

Die Politik ist zur Ware geworden und hat damit auch Charaktereigenschaften der Ware, wie Scheinhaftigkeit und Suggestivität, übertragen bekommen. Die postmoderne Ware verführt, täuscht, erregt gezielt übermäßige Hoffnungen, sucht mehr oder anders zu scheinen, als sie tatsächlich ist. In allen Tauschbeziehungen haben sich die Statusmerkmale der Ware von der Leistungserbringung zum Leistungsverkauf verschoben. Prämiert wird in erster Linie die gelungene Inszenierung des Marktauftrittes, erst an zweiter Stelle folgt der sachliche Inhalt, die tatsächliche Fähigkeit, Bedürfnisse befriedigen zu können. Der Zeichenwert, ihr Image, ihre statusgenerierenden Merkmale dominieren das Wesen der postmodernen Ware, nicht deren Gebrauchswert.

Auch die PolitikerInnen unserer Tage sind primär eine Ware, die durch ihre Selbstdarstellungsfähigkeit, durch ihr Geschick, Aufmerksamkeit zu erregen, zum Erfolg zu kommen versucht, nicht durch arbeitsbezogene Leistung. PolitikerInnen müssen in erster Linie gut aussehen, als SchauspielerInnen auf den vielen Bühnen überzeugen, die sie täglich bespielen müssen, sich mediengerecht verhalten können, tolle DarstellerInnen in den von ihren KommunikationsberaterInnen geschriebenen und inszenierten Geschichten sein. Vielfach ist der Körper der PolitikerInnen wichtiger als ihr Geist. Und ihr Privatleben ist wichtiger als ihr politisches, denn in der postmodernen Mediengesellschaft ist der ganze Mensch gefordert. Die vom Society-Journalismus zu VoyeurInnen zugerichteten postmodernen BürgerInnen begnügen sich nicht damit, PolitikerInnen als „Amtspersonen" zu konsumieren. Sie wollen auch wissen, wo diese ihren Urlaub verbringen, ob sie homo- oder heterosexuell sind, wie sie ihre Kinder erziehen, welchen Sport sie betreiben, welche Filme und TV-Serien sie bevorzugen, sogar die Unterwäsche welcher Marke sie tragen, interessiert sie. Was früher die Nebensache war, wird heute zur Hauptsache der medialen Betrachtung: die Sphäre der Intimität.

Richard Sennett hat schon in den 1980er Jahren über die „Tyrannei der Intimität" geschrieben (vgl. Sennett 2004). Damit ist gemeint, dass die Grenze zwischen der Öffentlichkeit und der Intimsphäre der Menschen immer poröser wird. Informationen über das private Leben der BürgerInnen überschwemmen den öffentlichen Raum. Der Zwang zur Authentizität, zur absoluten Wahrhaftigkeit, hat dazu geführt, dass es zum allgemeinen Brauch geworden ist, die privatesten Dinge nach außen zu tragen. Das Internet mit seinen sozialen Plattformen hat dieser Tendenz zur Selbstentkleidung einen weiteren dynamisierenden Spin gegeben.

Heute ist es nicht mehr peinlich, seine sexuellen Vorlieben beim abendlichen Getränk in einer Bar auszutauschen. Und interessanterweise trifft man in den oberen Sozialschichten, die sich früher durch Distinguiertheit auszeichneten, häufiger auf Menschen in einem wahren Selbstoffenbarungsrausch als in den solide konformistischen Mittelschichten. Rein inhaltlich betrachtet geht es in den Innenstadtbars, wo das gehobene Business-Bürgertum verkehrt, nicht viel anders zu als in den Vorstadtkneipen, wo das existenzgefährdete Prekariat die Sorgen des Alltags hinunterzuspülen versucht. Dort wie da wird das Intimste, das Persönlichste, das Sexuelle nach außen gekehrt. Der Unterschied liegt allein in der Lautstärke und dem Sprachgebrauch. Beherrscht in den Vorstädten die laute, vulgäre, derbe Sprachkultur des Proletariats die Szenerie, so spricht man in den Bars, in denen das wohlhabende Bürgertum verkehrt, leiser, dezenter, geprägt vom Jargon der Psychotherapie-Szene über die

Themen, die unterhalb der Gürtellinie liegen. Standesbewusste Anwälte, statusbewusste Business-Frauen, honorige Hofräte, kreative Werbeprofis, kühle Manager – sie alle überschwemmen ihre Umgebung mit Bekenntnissen aus ihrer Intimsphäre, wobei ihre Lieblingsstellungen beim Sex noch zu den harmloseren Informationen gehören.

Der Mensch unterscheidet sich vom Tier dadurch, dass er Hemmungen hat. Dieser für die Erhaltung unserer Kultur wichtige Unterschied scheint in einer immer schamloser werdenden Gesellschaft mehr und mehr die Konturen zu verlieren. Nicht nur beim abendlichen Glas Wein, auch im Internet kehren die Menschen das Innerste nach außen, veröffentlichen alles, angefangen vom Bild ihrer letzten Mahlzeit bis zum Suff-Selfie von der letzten Weihnachtsfeier. In der Zwischenzeit gibt es eine breite Begriffspalette, die zur Bezeichnung der unterschiedlichsten Formen der schamlosen Selbstdarstellung auf Fotos, die im Internet präsentiert werden, verwendet werden können. Neben dem Selfie gibt es noch Belfies, Halfies, Shelfies, Felfies, Bifies und Smelfies. Das Bifie zeigt eine Frau, die sich im Bikini selbst knipst, auf einem Smelfie präsentiert sich der hippe Papa mit der gefüllten Windel seines Kleinkindes in der Hand.

Zurück zur Politik. Die Masse, die ihr Leben dermaßen selbst transparent macht, verlangt nun auch von den PolitikerInnen die Offenlegung des Privatlebens. Die Menschen wollen den ganzen Menschen, beanspruchen also Zugang zur verborgenen Hälfte der politischen Person. Diese zweite Hälfte des Politikers, seine private Hälfte, ist jener Teil seiner Person, die seine emotionale Seite repräsentiert, die privaten Beziehungen also, die jenseits von Zweck, Nutzen und Kalkül, jenseits des ausschließlich vernunftgesteuerten Handelns liegt.

Diese Wesensseite des Politikers ist für alle jene Menschen besonders von Interesse, die sich wenig für Politik interessieren und somit kaum über die Kompetenz verfügen, sich mit Politik rational auseinanderzusetzen. Der emotionale Beziehungsmensch, der private Mensch ist jener Teil des Politikers, der den unpolitischen Menschen, die wohl die Mehrheit des Wahlvolkes darstellen, leichter zugänglich ist, in den sie sich, ohne sich ihres Verstandes bedienen zu müssen, einfühlen können. Denn den Austausch und die Ausdeutung von privaten Gefühlen und Befindlichkeiten trainieren sie, im Gegensatz zur vernünftigen Analyse des politischen Geschehens, in einer Kultur der Schamlosigkeit täglich in den Kontakten mit ihren FreundInnen und Bekannten, vor allem aber in den virtuellen Welten des Internets, die in erster Linie ein Raum der Selbstdarstellung sind.

Die politischen Parteien beginnen nach und nach zu ahnen, dass das Wahlvolk nicht eine Ansammlung von Vernunftwesen ist, die sich primär für den rationalen Diskurs über politische Themen und Inhalte interessieren. Die Mehrheit der BürgerInnen ist durch und durch impulsgesteuert, auch wenn es um politische Entscheidungen geht. Sie interessieren sich in erster Linie für die „präsentative" Seite der Politik, für die ästhetische Seite, jenen Teil des politischen Geschehens, in dem sich die private Person des Politikers, sein Charakter, seine persönlichen Werte, seine persönliche Lebensgestaltung zeigt.

Vor allem die rechtspopulistischen Bewegungen verstehen es, den „emotionalen" Menschen, der gleichzeitig der unpolitische Mensch ist, anzusprechen. Sie tun dies, indem sie ihn nicht primär auf der Ebene der Ideologie, sondern auf der Ebene der Affekte und Leidenschaften zu erreichen versuchen, und es gelingt ihnen. Bei den Veranstaltungen dieser Parteien stehen nicht die Interessen und rationalen Bedürfnisse der Zielgruppe im Mittelpunkt. Vielmehr geht es um das Eingebundensein in eine gleichgestimmte Masse, um die körperliche Beteiligung, um das Umfangenwerden von einer Menge der gleichempfindenden Individuen. Auf den Veranstaltungen der neuen Rechten wird eine Atmosphäre der Gemeinschaft geschaffen, in der sich die vereinzelten und entwurzelten Menschen des Neoliberalismus aufgehoben, geliebt und gebraucht fühlen. Die Stimmung einer solchen Veranstaltung liegt der des schamlosen Gesprächs in der Vorstadtkneipe oder der gehobenen Bar der Innenstadt, in dem man dem Gegenüber sein Innerstes offenbart, nahe und der Kultur der distanzierten, vernünftigen parlamentarischen Debatte fern.

Im Unterschied zu den RepräsentantInnen der Traditionsparteien, die in der Regel als distanzierte ExpertInnen und offizielle StaatsrepräsentantInnen fungieren, inszenieren sich jene der populistischen Bewegungen in erster Linie als normale Menschen, denen man sich voraussetzungslos und emotional annähern kann, weil sie nicht die Barrieren des Elitären und der offiziellen Staatsautorität umgeben. Man kann mit ihnen sprechen, ohne über Politik Bescheid zu wissen.

Die Verbindung zwischen den WählerInnen und der Partei wird im Rechtspopulismus nicht mittels Programmen hergestellt, sondern über die Beziehung zu Schlüsselpersonen der Partei, die die Möglichkeit zu einer ganz persönlichen Begegnung suggerieren. Hier spricht nicht der Politiker mit dem Bürger, hier spricht der Mensch mit dem Menschen.

Diese permanente Offenheit für persönliche Begegnungen wird den BürgerInnen über eine Plakatästhetik vermittelt, die PolitikerInnen in unmittelbarer Nähe des Volkes zeigt, das sie berühren, an ihrem Leben teilnehmen kann. Diese Form der Bildgestaltung ist nach dem französischen Philosophen und Semiotiker Roland Barthes eine antiintellektuelle Waffe, die Politik hinter einer Seinsweise verschwinden lässt. Die Verbindung zwischen BürgerInnen und PolitikerInnen ist also keine politisch-rationale, sondern eine emotional-persönliche. Die Politik zieht sich so symbolisch aus der Sphäre der rational geprägten Gesellschaft, in der die zwischenmenschlichen Beziehungen durch den persönlichen Nutzen vermittelt werden, zurück und tritt wieder in die emotionale Beziehungswelt der traditionellen Gemeinschaft ein, in der noch ehrliche, echte, nicht nutzengetriebene Verbindungen zwischen Menschen möglich waren.

DIE NEUE DIENSTLEISTUNGS-ELITE ALS MOTOR DER ENTSOLIDARISIERUNG

und der drohende Abgrund des Rechtspopulismus

Im Mai 2016 gab der österreichische Multimillionär und Eigentümer der Brausemarke *Red Bull*, Dietrich Mateschitz, bekannt, dass er seinen TV-Sender „Servus TV", ein erfolgloses Medium, in dem den ganzen Tag Naturdokumentationen und Berichte über von *Red Bull* gesponserte Sport-Events laufen und das nicht einmal zwei Prozent der österreichischen Bevölkerung erreicht, schließen wird. Einen Tag später widerrief er seine Entscheidung. Was war passiert? Einige MitarbeiterInnen hatten versucht, mit Hilfe der Gewerkschaft einen Betriebsrat zu gründen. Diese ungehörige Aktion hatte den Super-Unternehmer dazu bewogen, die Muskeln spielen zu lassen und seine Allmacht zu demonstrieren. Der Wink mit dem Zaunpfahl hatte den gewünschten Erfolg. 200 der rund 250 MitarbeiterInnen verfassten einen Offenen Brief der Unterwerfung, in dem sie die tollen Arbeitsbedingungen im Sender hervorhoben und sich strikt gegen die Einrichtung eines Betriebsrates aussprachen. Daraufhin lenkte der Tycoon huldvoll ein. Der „Quotenzwerg mit Qualitätsanspruch", wie er von den österreichischen Medien liebevoll genannt wird, darf nun weitersenden. Im Prinzip ist die Sache nicht erwähnenswert, weil es wohl im ganzen Land kein unerheblicheres Medium als diesen Sender gibt, dennoch ist in diesem Fall ein Aspekt paradigmatisch, nämlich das kriecherische und rückgratlose Verhalten der Beschäftigten, die mehrheitlich aus dem Berufssegment der sogenannten Dienstleistungseliten kommen.

Die wesentliche Eigenschaft dieser Dienstleistungseliten, die der deutsche Politologe Walter Reese-Schäfer als „Symbolanalytiker" bezeichnet, besteht darin, dass sie mehr mit Zeichen und Symbolen, d. h. mit verbaler Sprache und Bildern, als mit materiellen Dingen und Menschen zu tun haben. Da ihr ganzer Alltag aus Kommunikation besteht, also lediglich aus dem Reden über und dem Ausdeuten von Realität, verlieren sie den unmittelbaren Kontakt zum wirklichen Leben und es entstehen in ihren Köpfen verzerrte, widersinnige und zum Teil abwegige Vorstellungen vom tatsächlichen Alltag normaler Menschen, die im Supermarkt an der Kasse oder in der Fabrik an der Fertigungsmaschine stehen.

Ein Beispiel dazu: Der Spitzenkandidat der österreichischen SozialdemokratInnen für die Europawahlen 2014, Eugen Freund, ein Journalist, wurde gefragt, wie viel ein österreichischer Arbeiter monatlich im Durchschnitt verdient. Seine Antwort: „Ich weiß es nicht – ungefähr 3.000 Euro brutto?" Tatsächlich liegt der Lohn ungefähr 1.000 Euro niedriger. Auf seine Fehleinschätzung angesprochen meinte der ehemalige ORF-Moderator: „Das ist sehr wenig. Aber ich glaube nicht, dass ich etwas dafür kann."

Diese der Realität weitgehend enthobene Gruppe ist es aber, in deren Händen die Produktion und Verbreitung von Ideologien liegt, die also die Macht darüber haben, wie gesellschaftliche Ereignisse und politische Vorgänge dargestellt und bewertet werden. Sie bestimmen darüber, was der Durchschnittsmensch denkt und meint.

Die Dienstleistungseliten leben in ihrer eigenen Welt. Sie wohnen in Stadtbezirken mit den höchsten Mieten, ihre Kinder gehen in teure Privatschulen, den Urlaub verbringen sie in toskanischen Landhäusern und ihr Geld veranlagen sie möglichst steuerschonend bei internationalen Immobilienfonds. Die Folge ist, dass sie nur mehr lose mit der Kultur ihres Landes verbunden sind und in keiner emotionalen Beziehung mehr zu ihren Landsleuten stehen. Das Zentrum ihrer Lebenswelt sind die globalen Netzwerke des Establishments. Zu Hause sind sie in der Welt der international agierende Medienhäuser, Werbeagenturen und Beratungsunternehmen.

Als gelernte und geübte EgozentrikerInnen, denen in der Ausbildung und im Berufsalltag keiner die Bedeutung der Begriffe „soziale Empathie" und „Solidarität" und die zu diesen gehörige Praxis beigebracht hat, geht ihnen die Lebenssituation der „normalen" Menschen am Allerwertesten vorbei. Sie denken gleichzeitig größer und kleiner als die Masse. Größer, weil sie die nationalstaatliche Kultur als Heimat hinter sich gelassen haben und sich anstelle dessen in die global agierenden Elitennetzwerke eingemeindet haben, und kleiner, weil sie ihre Lebensentscheidungen eher individualethisch als sozialethisch treffen, d. h., ihnen die subjektive Perspektive auf die Gesellschaft und der individuelle Vorteil über alles geht.

Walter Reese-Schäfer beschreibt die zukünftige Position dieser Eliten zu ihrer Herkunftsgesellschaft so: „Die Symbolanalytiker werden Weltbürger sein, ohne die Verpflichtung zur Staatsbürgerschaft in einer politischen Gemeinschaft zu akzeptieren oder anzuerkennen." (Reese-Schäfer 2007: 72) Dies bedeutet, dass sich diese Leute weder für die Armen und Bedürftigen ihres Landes noch für die soziale und kulturelle Infrastruktur ihrer Heimat verantwortlich fühlen werden. Sie werden weder dafür etwas tun noch dafür bezahlen wollen. Weil sie ein Leben von bindungslosen Nomaden führen wollen, ist alles, was mit Heimat und „Zuhause" zu tun hat, für sie weder verstandesmäßig noch emotional nachvollziehbar. Heimat als eine Form des Festgelegt- und Festgestelltseins muss man hinter sich lassen, will man dem Ideal eines freien und ungezwungenen Lebens nahekommen.

Der dänische Philosoph Sören Kierkegaard hat schon in der ersten Hälfte des 19. Jahrhunderts über die egozentrische Lebensart nachgedacht, die heute unsere Dienstleistungseliten prägt. Kierkegaard nennt ihren bindungsunfähigen und verantwortungslosen Lifestyle „ästhetisches Leben". Es ist ein Leben, das sich primär an der Befriedigung der eigenen Lust ausrichtet. Über den persönlichen Lustgewinn hinaus ist dem ästhetischen Menschen nichts ernst. Er bevorzugt möglichst große Ungebundenheit, um sich so für die Unendlichkeit der Möglichkeiten seiner Zeit offenzuhalten. Alles, was er will, sind Abwechslung, Genuss und Erfolg. Und er will schön sein. Überhaupt geht ihm der äußere Schein über alles. Er huldigt der Oberfläche, weil er nichts so fürchtet wie die Wahrheit, die hinter den Kulissen des Seins lauert.

Den ästhetischen Menschen erkennt man sofort, weil er, wie der römische Dichter sagt, pulcher und fortissimus, also immer schön und selbstbewusst daherkommt. Solarium, Kosmetiksalons, SzenefriseurInnen und Modeboutiquen gehören zu seinen täglichen Anlaufstellen. Er glänzt durch seine unkreative, angepasste Attraktivität. Durch sein äußeres Erscheinen will er Individualität beweisen, macht aber tatsächlich den Eindruck, als wäre er gerade von einem Fließband für die Massenproduktion von postkonventionellen Führungspersönlichkeiten gesprungen. Ihre adrette Schönheit ist aber ein wichtiges Warnsignal für alle jene, die sich noch nicht in den fröhlichen Konformismus der postindustriellen Dienstleistungsgesellschaft hineinmanipulieren haben lassen und die vorhaben, sich aus dem geistlosen Irrsinn der Business-Kultur herauszuhalten. Taucht der durchgestylte ästhetische Mensch auf, so wissen wir sofort, wie Rilke in den *Duineser Elegien* schreibt, dass das Schöne nichts als des Schrecklichen Anfang ist und wir somit augenblicklich die Flucht zu ergreifen haben, wollen wir seiner lebensgefährlich erschütternden Plattheit und Primitivität entgehen.

In der Business-Welt wurde das geschafft, was in der restlichen Gesellschaft noch nicht gelungen ist: die Schließung des Gendergaps, leider aber zum Nachteil der Frau. Denn die Frauen sind dort nun genauso oberflächlich, forsch, lächerlich gockelhaft und nach Feierabend impulsgetrieben wie ihre männlichen Kollegen. Durch die Flughafengänge hallt das donnernde Geräusch, das ihre hochhackigen Pumps hervorrufen. Es ist ein Phänomen, dass das Business-Schuhwerk jede Leichtfüßigkeit und Eleganz aus dem Gang seiner Trägerin vertreibt und es durch ein wuchtiges Stampfen ersetzt. Das pompöse und massive Auftreten der Business-Ladys ist Symbol ihrer Gesinnung. Wie es sich für die Angehörigen der merkantilen Szene gehört, ist die Geschäftsfrau selbstbewusst, fokussiert, zielorientiert, professionell und kühl. Sie hat sich unter Kontrolle, solange die merkantile Situation dies erfordert. Kontrollverluste ereignen sich ausschließlich „after business", nach Alkoholkonsum an der Hotelbar. Am Tag danach ist alles wieder, wie es war. Ganz wie der hyperkontrollierte japanische Manager, der, nachdem er seinen Rausch auf einer Parkbank ausgeschlafen hat, mit dem Abputzen seiner Kleider auch all das, wofür man sich schämen müsste, von sich abstreift, setzt die postmoderne Erfolgsfrau mit monströsem Schritt ihren Weg durch die Business-Kultur mit Laptoptasche in der Hand und den obligatorischen Trolley hinter sich herziehend fort. Wenn ich sie so dahinstampfen sehe, fallen mir immer wieder die Verse von Baudelaire aus seinem Gedicht „Hymne an die Schönheit" ein:

Ich seh dich achtlos über Leichen schreiten;
Zu deinem Schmuck gehört auch das Entsetzen
So kann, bei deinen kleinen Kostbarkeiten
Der Mord auf deinem Bauche sich ergötzen.
Die Fliege, die dein Kerzenlicht erreicht,
Preist brennend deine Flamme und verglost!
Der Liebend, der bei der Schönheit keucht,
Gleicht einem Kranken, der sein Grab liebkost.

Wenden wir uns nun wieder den Ereignissen beim Sender „Servus TV" zu. Das Agieren der Beschäftigten des Senders entspricht genau dem Verhalten, das man von den ästhetisch lebenden „Symbolanalytikern" zu erwarten hat. Sie pfeifen sich nichts um die Gewerkschaft, den Betriebsrat, die Arbeitnehmersolidarität, die Gutsherrenmentalität des Großkapitals – alles egal, Hauptsache, die kleine gernegroße Medienelite darf weiter ihre Jobs behalten. Und um dieses mickrige Ich gut zu betten und zu legen, werfen sich die sonst so selbstbewussten SymbolanalytikerInnen mit Verve vor ihrem Tycoon auf den Bauch, so wie sich die Neos, die Partei der österreichischen SymbolanalytikerInnen, in unregelmäßigen Abständen vor ihren Finanziers auf den Bauch werfen. Und ich habe die Befürchtung, dass diese Leute es sogar gerne tun, dass sie einen zarten erotischen Kitzel in ihrem Unterleib verspüren, wenn sie die Stiefel der Macht küssen. Es gibt heute so viele Generationenbezeichnungen, die durch den kleingeistigen Orbit des Marketings wirbeln: Generation X, Y, Z, Now, Maybe etc. Ein Vorschlag meinerseits für einen neuen Begriff wäre: Generation der lustvollen Masochisten. Ich würde die Bezugsgruppe des

Begriffs aber deutlich eingrenzen auf die symbolanalytischen Kommunikationseliten unserer Zeit.

Unsere postmoderne Elite ist in erster Linie stilsicher und schön und erst in zweiter Linie kompetent und gebildet. Viel wichtiger als das, was er innerbetrieblich bewegt und tut, ist für den zeitgenössischen Manager, wie er in den Medien rüberkommt, wie er auf die Öffentlichkeit wirkt. Das Image seines Unternehmens und dessen Börsenwert sind primär davon abhängig. Es geht nicht mehr in erster Linie darum, fachlich kompetent zu sein, es geht darum, die Rolle des dynamischen Chefs in den Medien gut zu spielen. Und dies heißt zuversichtliches, selbstbewusstes, optimistisches Auftreten, mit einem Schuss Humor und Extravaganz gewürzt.

Der Schuss Extravaganz ist essentiell für die Rollenwirksamkeit des Business-Alpha-Tiers, denn der angepasste und kriecherische unterwürfige Angestellte unserer Zeit möchte Führungspersonen, die ihre Macht auch eindrucksvoll inszenieren können, sodass sie sich wegen der tollen Ästhetik ihres Oberunterdrückers den Angestellten anderer Unternehmen gegenüber überlegen fühlen können. Wenn es um die Macht des Ästhetischen in den Herrschaftsbeziehungen der Postmoderne geht, gleichen sich die Bedürfnisse der Spitzenmanager und der ihrer Angestelltengefolgschaft. Ist der Angestelltengefolgschaft wichtig, dass sie in ihrem Arbeitsalltag vom schönsten Manager der Branche gepeinigt wird, so ist es dem Manager genauso wichtig, bei seinem wöchentlichen Bordellbesuch von der schönsten Nutte ausgepeitscht zu werden. Man kann die Macht eben dann besser lieben, wenn sie schön ist.

Im Prinzip leben wir in einer Art Neofeudalismus, in dem wir unseren wirtschaftlichen Eliten ähnliche magische Fähigkeiten zuschreiben, wie sie dem alten Adel des Absolutismus anhafteten. Bald wird man sich wohl ähnliche Fähigkeiten von unseren ManagerInnen erwarten, wie sie angeblich der englische König Charles II besaß, der durch Handauflegen Hautkrankheiten heilen konnte. Ich sehe schon, wie man zu Dieter Mateschitz, Hans Peter Haselsteiner, Peter Löscher oder Martin Winterkorn kranke Kinder bringt, die diese dann durch magische Berührungen heilen werden. Denn der unterordnungswillige und anpassungssüchtige Durchschnittsmensch der Postmoderne ist durch die Rationalisierung der Lebens- und Systemwelt und das Verschwinden seines allmächtigen Gottes irritiert, genauso wie ihn der Verlust der Planbarkeit seines Lebens durch mögliche Arbeitslosigkeit und die ständig drohende Aufkündigung seiner persönlichen Intimbeziehung verunsichert. Er braucht nun den großen magischen Führer, der ihn sicher durch sein Leben geleitet.

ZUM ABSCHLUSS: KEINE TOLERANZ FÜR DIE INTOLERANZ

Wir leben in einer Zeit, in der gerade die am meisten Toleranz einfordern, die selbst die FahnenträgerInnen größter Intoleranz sind: die RechtspopulistInnen. Seit es den modernen Rechtspopulismus gibt, in Deutschland gegenwärtig durch die AfD, in Österreich durch die FPÖ repräsentiert, inszeniert er sich, als würde er von der etablierten Macht und vor allem von den Medien gehetzt und verfolgt. Dass in Wirklichkeit die RechtspopulistInnen die Hetzenden sind, soll durch die geschickte Verdrehung des Opfer-TäterInnen-Verhältnisses verschleiert werden.

Gilles Deleuze hat den Neoliberalismus als Gas bezeichnet. Die Gasförmigkeit ist der Aggregatzustand einer Ideologie, die unbemerkt überall hin- und einfließen kann, die den Menschen überfällt, ohne dass er es merkt. Von der Kommunikationskultur des Rechtspopulismus geprägt, befleißigen sich auch manche konservativen PolitikerInnen des Argumentationsmusters der Verkehrung von Opfer- und TäterInnenrolle und versuchen so, Minderheiten, die gegen Unterdrückung und Benachteiligung kämpfen, in eine Usurpatorenrolle zu drängen und sie zu Angreifern auf die Wertordnung des Staates zu stilisieren, vor denen man die friedliche und tolerante Mehrheit schützen müsse. Viele konservative PolitikerInnen sind überzeugte KämpferInnen gegen die Homo-Ehe, weil sie sie für einen Anschlag auf die Werte des christlich-konservativen Abendlandes halten. Um ihre argumentative Position zu verbessern, deuten sie den Kampf der Homosexuellen für die Gleichstellung ihrer Partnerschaft mit der der Heterosexuellen geschickt in einen Generalangriff gegen die heterosexuelle Mehrheitssexualität um, indem sie die Forderung erheben, dass die Diskriminierung von heterosexuellen Menschen durch überzogene Gender-Ideologie gestoppt werden müsse. So schnell kann es gehen, und schon sind die Diskriminierten die Diskriminierenden. Ein genialer Spin, würde ein Politikberater sagen, der hier den Konservativen gelungen ist.

Der Rechtspopulismus propagiert eine inhumane Sündenbockideologie. Bestimmte Bevölkerungsgruppen werden gezielt ausgewählt, denen dann die Verantwortung für allgemeine gesellschaftliche Probleme in die Schuhe geschoben wird, um dadurch von den wirklichen Schuldigen abzulenken.

Typisches Beispiel für diese Wahrheitsverdrehung: die rechtspopulistische Erklärung der Arbeitslosigkeit. Die Rechte argumentiert, dass durch die Forcierung der Zuwanderung inländische ArbeitnehmerInnen in die Arbeitslosigkeit gedrängt werden. Das ist aber nur die halbe Wahrheit. Denn die Hauptschuld für die Misere der Arbeitslosigkeit der InländerInnen tragen jene UnternehmerInnen, die Zuwandernde zu Billigsttarifen einstellen, zum Teil sogar illegal beschäftigen. Am Ende zeigt sich, dass es innerhalb einer Nation keinen Zusammenhalt gibt. Für die UnternehmerInnen sind alle Menschen nichts weiter als potentielle Arbeitskräfte. Was sie an ihnen interessiert, ist ihre Qualifikation und der Preis, den sie für den Ankauf ihrer Arbeitskraft zahlen müssen. Sowohl was seine

Begründungen für die Arbeitslosigkeit als auch das hohe Lob der Heimatliebe betrifft, ist der Rechtspopulismus verlogen bis in die Knochen. Denn die Arbeitslosigkeit ist in Wirklichkeit der Profitgier des Kapitals geschuldet und die Heimatideologie nichts als leeres Geschwätz, mit der der postmoderne Ego-Kult verschleiert werden soll, der eine Folge der neoliberalen Markt- und Wettbewerbsideologie ist. Zur Zerstörung der Heimatverbundenheit der Menschen und der kollektiven Solidarität hat es nicht des Multikulturalismus und der Zuwanderung bedurft, diese Zerstörung hat schon längst davor die Ideologie des Neoliberalismus bewirkt.

Wenn die Menschen ihr Land so liebten, wie es die Ideologie des Rechtspopulismus suggeriert, warum versucht dann jeder, Steuern zu hinterziehen, wo es nur geht, warum übervorteilen sich Landsmänner und Landsfrauen, wann immer sie können, warum versaut die Industrie unsere heilige nationale Natur, wann immer man sie nur für ein paar Monate aus den Augen lässt, und warum nehmen vom kleinen Häuslebauer bis zum Großunternehmen viele die Dienstleistungen von Billiganbietern aus dem Osten in Anspruch, anstatt deutsche oder österreichische Firmen zu beschäftigen? Ganz einfach, weil ihnen ihr Land und ihre Landsleute scheißegal sind. Den postmodernen Menschen treiben Individualinteressen, das Kollektiv ist ihm nur dann wichtig, wenn er Hilfe braucht, wenn er sein immer wiederkehrendes Grundbedürfnis nach Rührseligkeit an nationalen Feiertagen befriedigt sehen möchte und wenn es um Fußball geht.

Nationalistische Qualereignisse erster Güte stehen uns immer wieder mit Fußballeuropameisterschaften und -weltmeisterschaften ins Haus. Da laufen sie wieder durch die Straßen, die angepassten BürgerInnen im jeweiligen Dress ihrer Nationalmannschaft, Fähnchen schwingend und Nationalhymnen grölend. Wenn man genauer hinsieht, bemerkt man, dass die überwiegende Mehrheit der sogenannten Fans betrunken ist. Fußballgroßereignisse sind nicht mehr und nicht weniger als allgemein anerkannte Tage des Volksalkoholismus und der zeremoniellen Vertierung des Menschen. Fußballgroßereignisse sind empirische Belege für den wichtigen Hinweis Sigmund Freuds, dass die Decke der Zivilisation dünn ist. Während sie stattfinden, verwandeln sich die Fans des Fußballs massenhaft in unreflektierte und impulsgetriebene Urmenschen, die, ließe man sie, die Keule rausholen würden, um aus ihren GegnerInnen das Leben herauszuprügeln.

Das riesige Heer der SchleimerInnen, MitmacherInnen, Ja-SagerInnen und StiefelleckerInnen, die vom Schulwesen gut trainierten KriecherInnen, LeisetreterInnen und DuckmäuserInnen dürfen nun, wie sonst nur im Karneval, ihren durch jahrzehntelange Fremd- und Selbstunterdrückung pervertierten Trieben freien Lauf lassen, indem sie sie in Hass verwandelt auf die Fans des Gegners richten, die psychisch ebenso deformiert sind wie sie selbst. Auf großen Plätzen werden sie vom internationalen Fußballverband bei sogenannten Public Viewings wie Vieh zusammengetrieben, um dort einem Krieg zuzugrölen, den stellvertretend wie im perversen und geistlosen Filmspektakel der *Tribute von Panem* elf auserwählte Gladiatoren für sie führen.

Die Gladiatoren des Fußballs sind meist einfachen Gemüts, was daran offensichtlich wird, dass sie voller Hingabe und Überzeugung jede Modetorheit mitmachen, die von der Kulturindustrie in Umlauf gebracht wird: Sie tragen die merkwürdigsten Frisuren, die abartigsten Tätowierungen und sprechen, wenn man sie fragt – und das tut man leider zu häufig –, in den dämlichsten und abgeschmacktesten Allgemeinplätzen, die die Medienindustrie hervorzubringen imstande ist. Zudem sind sie richtige Männer im traditionellen Sinn, die öffentlich den Stolz auf ihre Lendenkraft demonstrieren, indem sie in den Wochen nach der Geburt eines von ihnen gezeugten Kindes nach erfolgreichem Torschuss dem euphorisierten Publikum in der Gruppe Babyschaukelbewegungen vorführen. Am Ende eines Spiels gehen sie zur sogenannten Fankurve, um dort ihren AnhängerInnen zu applaudieren, die wiederum zurückapplaudieren. Ganz zum Schluss springen dann die Spieler in peinlicher Manier zu irgendwelchen banalen Fangesängen der Marke „We are the Champions" auf dem Rasen herum und schlagen dabei ungelenk mit den Händen um sich. Die Fans bedenken dieses großartige Ballett der Affen mit frenetischem Applaus, dann werden die Primaten vom Platz wieder zurück in die Kabinen geleitet. Das ist Fußball. Man muss ihn hassen.

Der Rechtspopulismus liebt den Fußball und der Fußball den Rechtspopulismus, sind doch beide von Grund auf antiintellektuell, d. h., sie tendieren dazu, jeden vernünftigen Gedanken durch einen Sturm von Affekten zu paralysieren. Die Masse des Rechtspopulismus ist genauso impulsgesteuert und gefühlsgelenkt wie die Fußballmasse. Mit beiden Massen muss man nicht nur nicht vernünftig reden, sondern man kann es auch nicht. Der Fußball und der Rechtspopulismus gehören zu den wirkungsmächtigsten antiintellektuellen Waffen unserer Zeit.

Der Dichter Thomas Glavinic ist Anhänger des Sportclubs Rapid und definitiv kein Rechtspopulist. Er gehört einer anderen Kategorie an, der der naiven Toleranten. Aus dieser Rolle heraus spricht er sich vehement dafür aus, dass man die Anhänger von rechtspopulistischen Bewegungen ernst nehmen muss. Keinesfalls darf man sie abwerten oder gar kollektiv in die rechte Ecke abschieben. Vielmehr muss man ihre Ängste, die durch die diversen Krisen unserer Zeit ausgelöst wurden, als die originäre Quelle ihres politischen Handelns erkennen und respektieren. Der Linken wirft Glavinic moralische Überheblichkeit vor.

Nun, für mich ist es dahingestellt, ob die Anhänger des Rechtspopulismus so rational funktionieren, wie es Glavinic suggeriert. Ich gehe nicht davon aus, dass es zum Beispiel ausschließlich die aus der unmittelbaren und medial vermittelten Wahrnehmung des Flüchtlingsstroms entstandenen Ängste sind, die das Volk dem Rechtspopulismus zutreibt. Genauso relevant sind tiefsitzende, über ein Jahrhundert hinweg von Generation zu Generation vermittelte Ressentiments gegenüber dem Fremden, die nun, durch die rechtspopulistische Propaganda stimuliert, wieder aktiviert und vor allem legitimiert wurden. Man darf heute wieder das sagen, was man früher nicht einmal zu denken wagte, dass der Muslim und der Afrikaner unzivilisierte Strauchdiebe und Vergewaltiger sind, die in unserem Land nichts verloren haben und die man ruhig in ihren Herkunftsländern verrecken lassen kann, weil sie ohnehin wertlose Untermenschen sind.

Wer den Migranten zu einem unhygienisch lebenden, diebischen Vergewaltiger hochstilisiert, der manchmal auch noch Bomben legt, der braucht sich keinem rationalen Argument mehr zu stellen. Er hat den Meinungsstreit schon affektiv entschieden, bevor der Diskurs beginnt. Das Schlimmste am Rechtspopulismus ist eigentlich, dass er durch Emotionalisierung und Wahrheitsverdrehung den Diskurs entwertet und damit die Glaubwürdigkeit und Sinnhaftigkeit dieses wichtigsten Instruments der Politik zerstört, das die Voraussetzung für das zivilisierte und friedvolle Austragen von Meinungsverschiedenheiten und Interessensgegensätzen in einer demokratischen Gesellschaft ist. Denn dort, wo dem Austausch von rationalen Argumenten kein Sinn mehr zuerkannt wird, dort beginnt das affektive spontane Handeln ohne Sinn und Verstand.

Nur wer das Denken aufgegeben hat, kann auf die Idee kommen, die Fluchtbewegungen aus dem arabischen Raum stoppen zu können, indem man die Grenzen befestigt und das Bundesheer mobilisiert. Denn Quelle und Grund des Flüchtlingsproblems ist die ungleiche Verteilung der Ressourcen zwischen den reichen Industrie- und Wissensgesellschaften und den von Glaubens- und ethnischen Konflikten zerrissenen Armutsregionen der Welt. Der religiöse Fundamentalismus ist in erster Linie eine Folge von sozialem Elend und Armut. Dort, wo die Menschen ein gutes Leben in gesicherten sozialen Verhältnissen führen können, besteht die Bedeutung der Religion in nicht mehr, als dass sie eine folklorehafte Festtagskultur am Leben erhält, die dem gleichförmig dahinfließenden Zeitlauf Struktur gibt und einem ereignisarmen Leben kleine, immer wiederkehrende Höhepunkte verleiht.

Des Weiteren wage ich zu bezweifeln, dass die AnhängerInnen des Rechtspopulismus keine Elemente des Rechtsradikalismus in ihrer Gesinnung aufweisen. Aktuelle Studien zu den Werthaltungen und Einstellungen sprechen da eine andere Sprache. Kern des Rechtsextremismus ist die Abwertung und Ausgrenzung von ganzen Bevölkerungsgruppen bis hin zur physischen Vernichtung. In Österreich finden wir in der Bevölkerung einen konstanten Anteil von über 50 Prozent, der AusländerInnen bei Arbeitsplatzknappheit wieder zurück in ihre Heimat schicken möchte. Ähnlich hoch ist der Anteil derer, die den AusländerInnen politische Rechte vorenthalten möchte, und ein Drittel der ÖsterreicherInnen möchte neben keinen MuslimInnen wohnen. In Deutschland sind fast 50 Prozent der Menschen der Auffassung, dass Juden und Jüdinnen heute Vorteile daraus zu ziehen versuchten, dass sie während der Nazi-Zeit Opfer waren, und ein Drittel ist der Überzeugung, dass es eine natürliche Hierarchie zwischen schwarzen und weißen Völkern gibt. Zudem meinen über 50 Prozent der Deutschen, dass die Frauen ihre Rolle als Hausfrau und Mutter ernster nehmen sollen.

Man könnte diese Horrorzahlen um weitere bis ins schier Endlose ergänzen. Nimmt man Ergebnisse der Sozialforschung nur halbwegs ernst, so muss der klare Schluss sein, dass unsere rechtspopulistischen WählerInnen keine unschuldigen Opfer sind, denen man Verständnis entgegenbringen müsste und die noch dazu durch sich moralisch aufplusternde Linke systematisch erniedrigt würden und deshalb weiter in ihren Wahn abgleiten. Die Mehrheit der RechtswählerInnen sind keine Opfer, sie sind kaltherzige, empathielose TäterInnen, denen ihr persönlicher Nutzen über alles geht und die zudem von tiefsitzenden Vorurteilen geleitet werden, mit denen sich in den letzten 30 Jahren keiner mehr so richtig beschäftigt hat, weil es als Common Sense galt, dass das Gedankengut des Faschismus weitgehend aufgearbeitet und durch den Lauf der Zeit einfach verschwunden sei.

Darüber hinaus muss Glavinic grundsätzlich geantwortet werden, dass der Mensch ein freies Wesen ist und in seiner Freiheit autonome Entscheidungen zu treffen in der Lage, auch wenn er dem Einfluss der Geschichte und der aktuellen gesellschaftlichen Verhältnisse unterliegt. Wer aus Angst vor den Flüchtlingen FPÖ oder AfD wählt, ist aus denselben Gründen nicht von Verantwortung freizusprechen wie alle jene, die im Jahr 1939 Hitler am Heldenplatz zugejubelt haben. Es gibt immer objektive Gründe dafür, warum ein Mensch eine bestimmte Handlung setzt, aber es liegt in den meisten Fällen auch in seiner Entscheidung, wenn man ihn nicht mit gezogener Pistole dazu zwingt. Aus diesem Grund muss es sich auch jeder AfD- oder FPÖ-Wähler gefallen lassen, kritisiert zu werden, und er muss auch damit leben, dass er in bestimmten Freundeskreisen,

Familien und Geschäften nicht willkommen ist, genauso, wie der Mehrheit der Deutschen und ÖsterreicherInnen die Flüchtlinge nicht willkommen sind. Wer A sagt, der muss auch B sagen und macht sich lächerlich, wenn er wehleidig herumjammert, wenn er ein paar kleine Konsequenzen für seine nach außen gekehrte Überzeugung in Kauf nehmen muss.

Und noch was. Auch ich verstehe mich als Linker und auch ich habe keine Lust, in meinem Freundeskreis, unter meinen Bekannten, ja sogar in meinem Unternehmen und unter meinen KundInnen FPÖ- oder AfD-WählerInnen zu haben. Aber nicht deshalb, weil ich mich diesen Leuten moralisch überlegen fühle, sondern weil sie mich anekeln. Ich mag es nicht, fremdenfeindliche, rassistische, sexistische, homophobe Bewunderer von autoritären Systemen wie dem ungarischen oder dem russischen um mich zu haben und mir ihr dummes Gerede anzuhören. Ich nehme mir das Recht heraus, keine Rechtsextremen in meiner Nähe haben zu wollen, wie andere sich das Recht herausnehmen, keine Asylsuchenden und MigrantInnen in unserem Land haben zu wollen. Und darüber hinaus lasse ich mich nicht zur Toleranz für Menschen ermahnen, die selbst ihre tagtägliche Intoleranz in auserlesener Selbstgefälligkeit wie eine Monstranz vor sich her tragen.

LITERATUR

Adorno, Theodor W.: Zur Lehre von der Geschichte und von der Freiheit. Frankfurt am Main 2014.

Baudelaire, Charles: Die Blumen des Bösen, Ditzingen 1991.

Boltanski, Luc/Chiapello, Eve: Der neue Geist des Kapitalismus. Konstanz 2006.

Camus, Albert: Der Mensch in der Revolte. Hamburg 1997.

Deleuze, Gilles: „Postskriptum über die Kontrollgesellschaft", in: Deleuze, Gilles: Unterhandlungen 1972-1990. Frankfurt am Main 1993, S. 254-262.

GfK Austria: Wie heutig ist „die heutige Jugend"? Wien 2014.

Han, Byung-Chul: Die Errettung des Schönen. Berlin 2015.

Heitmeyer, Wilhelm: Deutsche Zustände 1. Frankfurt am Main 2002.

Honneth, Axel (Hrsg.): Befreiung aus der Mündigkeit. Frankfurt am Main 2002.

Kräftner, Hertha: Das blaue Licht: Lyrik und Prosa. München 1981.

Krenn, Manfred: „An- und Ungelernte als Prototypen unzeitgemäßer Arbeitskraft in der ‚Wissensgesellschaft'", in: Atzmüller, Roland/Hürtgen, Stefanie/Krenn. Manfred: Die zeitgemäße Arbeitskraft. Qualifiziert, altiviert, polarisiert. Weinheim und Basel 2015.

Maier, Rudi: Markenkleidung. Geschichte, Diskurse, Praktiken. Mainz 2013.

Marquard, Odo: „Der angeklagte und der entlastete Mensch in der Philosophie des 18. Jahrhunderts", in: Ders.: Abschied vom Prinzipiellen. Ditzingen 1986.

Neckel, Sighard: Flucht nach Vorne: Die Erfolgskultur der Marktgesellschaft. Frankfurt am Main 2008.

Nietzsche, Friedrich: Götzen-Dämmerung. Kritische Studienausgabe, Band 6. München 1988.

Perniola, Mario: Wider die Kommunikation. Berlin 2005.

Reese-Schäfer, Walter: Politisches Denken heute: Zivilgesellschaft, Globalisierung und Menschenrechte. München 2007.

Sennett, Richard: Verfall und Ende des öffentlichen Lebens: Die Tyrannei der Intimität. Berlin 2004.

Shell Deutschland Holding (Hrsg.): Jugend 2015. Eine pragmatische Generation im Aufbruch. Berlin 2015.

Simmel, Georg: „Die Mode", in: Ders.: Ausgewählte Werke, Berlin 2008.

Simmel, Georg: Die Philosophie des Geldes. Frankfurt am Main 2011.

Textlog.de: Immanuel Kant – Logik: *http://www.textlog.de/kant-logik-inhalt-umfang.html*, 2006 [08.06.2016].

Weisbier, Gilbert: „Ihr habt die Weisheit der Jugend". *Kurier* vom 11. Februar 2016.

Welsch, Wolfgang: Grenzgänge der Ästhetik. Stuttgart 1996.

Žižek, Slavoj: „Da capo senza fine", in: Butler Judith/Laclau, Ernesto/Žižek, Slavoj: Kontingenz, Hegemonie, Universalität. Aktuelle Dialoge zur Linken. Wien 2013, S. 265-324.

Žižek, Slavoj: Blasphemische Gedanken: Islam und Moderne. Berlin 2015.

Žižek, Slavoj: Der neue Klassenkampf. Die wahren Gründe für Flucht und Terror. Berlin 2015.

Heinzlmaier, Bernhard
**PERFORMER, STYLER,
EGOISTEN. ÜBER EINE
JUGEND, DER DIE
ALTEN DIE IDEALE
ABGEWÖHNT HABEN**
196 Seiten, gebunden
ISBN 978-3-943774-43-6
18,00 €

Die Gesellschaft ist zum Anhängsel des Marktes geworden. In verschulten und autoritär reglementierten Universitäten, in denen Bildung durch die unkritische Akkumulation von Fachwissen und dessen Abprüfung im geistlosen Multiple-Choice-Verfahren verdrängt wird, werden die Jugendlichen systematisch für die Verwendung im Markt hergerichtet. Kritische Reflexionen sind nicht mehr gefragt. Bildung als Erziehung zur Freiheit, Bildung der „Gesinnung und des Charakters" (Humboldt) – längst verabschiedet und auf den Müllhaufen der Geschichte geworfen.

Bernhard Heinzlmaier ist seit über zwei Jahrzehnten in der Jugendforschung tätig. Er ist Mitbegründer des Instituts für Jugendkulturforschung und seit 2003 ehrenamtlicher Vorsitzender. Hauptberuflich leitet er das Marktforschungsunternehmen tfactory in Hamburg.

**CLAUS LEGGEWIE
HORST MEIER**

**NACH DEM
VERFASSUNGSSCHUTZ**

PLÄDOYER FÜR EINE NEUE
SICHERHEITSARCHITEKTUR
DER BERLINER REPUBLIK

Der Verfassungsschutz steckt in einer tiefen Vertrauenskrise. Selbst konservative Politiker fordern Aufklärung über seine Verstrickungen ins Neonazi-Milieu und stellen seine Effektivität in Frage. Claus Leggewie und Horst Meier analysieren den Verfassungsschutz als Fehlkonstruktion aus dem Kalten Krieg und geben Antworten – zu einem ständigen Skandalträger, der Millionen verschlingt und den niemand braucht – schon gar nicht eine Demokratie.

Leggewie, Claus/Meier, Horst
**NACH DEM VERFASSUNGSSCHUTZ. PLÄDOYER FÜR EINE NEUE
SICHERHEITSARCHITEKTUR DER BERLINER REPUBLIK**
220 Seiten, gebunden, ISBN 978-3-943774-03-0, 12,00 €

BEATE GROSSEGGER

**KINDER
DER
KRISE**

Die Jugend des 21. Jahrhunderts ist schwer zu greifen. Immer, wenn man ein klar konturiertes Bild zu entdecken glaubt, droht es gleich wieder zu zerfließen. Ja, Jugendliche sind coole Lifestyle-Kids. Sie sind aber zugleich auch politisch Desillusionierte, prekäre Berufseinstiegspraktikanten und vor allem die großen Verlierer der Krise. Und da sie selbst nicht viel daran ändern können, rudern sie nicht gegen den Strom, sondern lassen sich einfach treiben.

Beate Großegger zeichnet ein differenziertes Bild dieser Jugend. Sie zeigt, wie aktuelle gesellschaftliche Entwicklungen auf das Lebensgefühl junger Menschen prägenden Einfluss nehmen.

Großegger, Beate
KINDER DER KRISE
160 Seiten, gebunden
ISBN 978-3-943774-85-6
18,00 €

Klaus Farin
ÜBER DIE JUGEND
UND ANDERE KRANKHEITEN
Essays und Reden 1994 – 2008

Farin, Klaus
**ÜBER DIE JUGEND UND
ANDERE KRANKHEITEN.
ESSAYS UND REDEN 1994–2008**
130 Seiten, gebunden
ISBN 978-3-940213-42-6
12,00 €

„Mit einer gehörigen Portion Ironie und seiner erfrischend-provozieren-
den Art beleuchtet der Autor Themen wie die Mobile Arbeit, Jugendforschung, Jugendkulturen, Partizipation oder Rechtsextremismus. Allen
Artikeln gemeinsam sind die Kritik an der Sensationslust der Medien
und der Widerspruch zum oftmals so verzerrten Bild von ‚der Jugend‘.
Klaus Farin spart jedoch nicht an konstruktiven Lösungsvorschlägen und
plädiert für einen tatsächlichen, individuellen und ehrlichen Blick hinter
die Kulissen bzw. Szenen. Sätze wie ‚JugendarbeiterInnen sind keine Ju-
gendkultur‘ oder ‚Ohne Drogen keine Jugendkulturen‘ bringen so manche
Tatsache auf den Punkt und regen, ob entrüstet oder zustimmend, zum
Nachlesen und Weiterdenken an.
Ob Fachkraft, StudentIn oder ‚JugendfreundIn‘, dieses Buch macht einfach Spaß, liefert Argumente und macht Lust auf mehr – mehr Wissen,
mehr Perspektiven und vor allem mehr Publikationen solcher Art.“
(Andrea Gaede in: Corax)